〈소요리문답 요약 교재〉

지도자용 2

중고등대학청년부

성·경·공·부·를·위·한

소요리 문답 요약 교재

김재규 지음

2 지도자용

Grace 은혜출판사

교재의 특징

1 이 교재는 오늘날 교회가 심혈을 기울여 공부시켜야 할 대학부, 청년부, 중고등부의 성경공부를 위해 소요리 문답을 간단하고, 재미있고, 깊이 있게 꾸민 교리 교재입니다.

2 이 교재는 1년에 공부를 마칠 수 있도록 체계적으로 구성되어 전 4권으로 3개월에 한 권씩 마칠 수 있도록 다음과 같이 꾸며져 있습니다.

제1권 인생과 하나님(인간론과 신론)

제2권 그리스도와 성령(기독론과 구원론)

제3권 영원한 계명(10계명)

제4권 신앙의 진수(믿음, 회개, 기도, 성례, 주기도문)

3 이 교재의 내용은 이 교재만 마치면 교리에 대한 확실한 기초가 정립될 수 있도록 다음과 같이 꾸며져 있습니다.

① 요의

② 중요단어 해설

③ 성경공부를 위한 성경 찾아보는 학습문제

④ 토론(자유, 그룹토의)

4 각 권에 대한 지도자 지침서가 있어 지도자가 인도하는데 도움을 주고 있습니다.

5 이 교재는 하나님의 은혜와 대한 예수교 장로회(대신측) 총회장을 역임하시고 대한 신학교 교의학 교수로 재직하신 김재규 목사님의 심혈에 힘입어 교회 각부에서도 참고적으로 공부하실 수 있도록 꾸며져 있습니다.

추천서

근래에 와서 우리 교계에 많은 신앙서적과 경건서적이 출판되고 있는 것은 매우 바람직한 일이나, 주일학교 교재(유, 초, 중, 고등부, 대학, 청년부)의 빈곤 때문에 각 교회마다 어려움을 느끼고 있는 것은 참으로 안타까운 일이 아닐 수 없다.

이러한 때 신학강단에서 오랜 경험을 쌓은 목회자 김재규 목사님께서 중·고등부 성경교재용으로 웨스트민스터 소요리 문답을 쉽게 풀어서 우리 교계에 제시해 준 것은 참으로 경하하여 마지않는다. 성경을 조직적으로 가르치는 길만이 영혼을 살찌게 하고 또 이는 신앙적, 사상적 동요를 막아 줄 것이다.

이 책은 자라나는 청년, 대학, 중·고등부 학생들에게 신앙의 뼈대를 잡아주는데 큰 공헌을 하게 될 것이다. 전국 교회의 애독을 바라면서 추천하는 바이다.

합동신학원 원장 철학박사

신복윤

저자의 말

성 삼위일체 하나님께 영광을 돌립니다. 한국교회 교회교육의 많은 교재가 있지만 쉽고 이해하기 쉬운 교리교재의 빈곤을 절감하던 중, 청년, 대학, 중 · 고등부를 위한 「웨스트민스터 소요리 문답」을 쉽게 풀이하면서 개인 혹은 그룹이 성경과 함께 기본 교리를 익히며 생활에 적용할 교재를 1년 중 마스터를 하도록 4권(1권 3개월)을 펴내게 되었습니다.

본 교재를 학습하실 때 유의할 것은,

· 교사의 공과 준비와(기도, 다른 교리 이해)

· 반드시 성경을 찾아보는 일과

· 다음 과를 미리 익혀 오는 일과

· 연습문제를 풀면서 성경으로 이해하는 일과

· 자유토론을 통한 생활의 적용

본 교재로 영적, 질적 실력함양에 도움이 되기를 바랄 뿐입니다.

저자 김 재 규

주요 목차들

제3권 영원한 계명

제4권 신앙의 진수

차 례

제3권 영원한 계명

차 례

제4권 신앙의 진수

3 영원한 계명

제 1 과

도덕 율법

요절 십계명을 주신 하나님

읽을성경 신 10:4, 미 6:8

▶ 하나님께서 사람에게 요구하시는 본분이 무엇입니까?
하나님께서 사람에게 요구하시는 본분은 그 나타내 보이신 뜻에 복종하는 것입니다.

▶ 하나님께서 자기에게 복종할 규칙으로 처음 나타내 보이신 것은 무엇입니까?
하나님께서 자기에게 복종할 규칙으로 사람에게 나타내 보이신 것은 도덕의 법칙입니다.

▶ 이 도덕의 법칙이 어디에 간략히 포함되어 있습니까?
이 도덕의 법칙은 십계명에 간략히 포함되어 있습니다.

스스로 깨닫지 못하는 인간에게 하나님 자신의 뜻을 나타내 보이신 것을 "계시"라고 합니다.(신 29:29) 성경과 그 주제인 예수님이 구원 계시이고 성경 속에 문자로 제정하신 율법 중 도덕 율법은 신자, 불신자를 포함한 전 인류에게 하나님이 주신 법이며(십계), 인간은 누구를 막론하고 이 법을 지켜야 합니다. 우리에게 도덕 율법을 주신 하나님은 완전하시고 의로우십니다.

1. 인간의 본분은 하나님 뜻대로 사는 것입니다.

① 그 뜻은 인간의 순종을 요구하며(약 2:22) 성경, 특히 율법에 제시되어 있습니다.

② 선하신 하나님과 함께 행하는 것이 아버지 하나님의 요구입니다.(미 6:8)

2. 도덕 율법(법칙)

① 도덕 율법이란 인간에게 선언한 하나님의 뜻으로(의지) 거룩함과 의의 의무를 요구합니다.(마 5:48)

② 전 인류에게 주어진 것으로 불신자들에게는 양심의 도덕법을 하나님께서 새겨 놓으셨습니다.(롬 2:14~15)

③ 도덕 율법은 인간이 영원토록 하나님께 대한 순종의 의무로써 행하여야 하며 십계명에 요약되어 있습니다.(출 31:18)

④ 도덕 율법이 인간으로 의와 생명에 이르게는 못하여도 의로우신 하나님께 대하여 깨끗이 살아야 할 의무와, 타락한 인간으로서 완전치 못한 자신을 발견하게 하여 겸손하게 합니다. 즉 그리스도를 강력히 필요로 하는 은혜를 사모하게 하고 깨닫게 합니다.(롬 3:20~24)

3. 도덕 율법인 십계명

① 십계명의 총 주제는 「사랑하라」입니다.

② 인간이 처음 지음 받았을 때 도덕 율법을 받았으나(창 1:26) 죄로 말미암아 다시 계시하셨습니다.(롬 1:21, 25)

③ 그리스도를 영접한 자에게도 율법(도덕)은 더욱 중요합니다. 그것은 성도로 말미암아 적극적으로 죄와 싸우며 거룩한 수고를 하게 하며, 구원을 향한 성화(점점 거룩을 향해 발전함)로 인도하기 때문입니다.(고전 9:21, 요 14:21)

④ 하나님을 사랑하는 것은 곧 그의 계명을 지키는 것입니다.(요일 5:3).

학습문제

1. 전 인류가 함께 하나님으로부터 부여받은 법은 무엇입니까? (롬 2:14~15) 양심의 가책과 선한 양심, 악한(화인 맞은) 양심에 대하여 생각해봅시다.

답 ① 양심의 가책: 죄에 대해 마음에 느끼는 고통이다.(롬 7:15)

② 선한 양심: 부끄러움이 없는 깨끗한 마음과 선악을 구별하는 깨어 있는 영적 상태를 가리킨다.(딤전 1:5, 히 13:18)

③ 악한(화인 맞은) 양심: 사도 바울이 말세의 거짓 교사와 그 추종자를 가리켜 한 말로, 진리에 대해 무감각하며 사탄의 소유물이라는 이중적인 의미를 담고 있다.(딤전 4:2)

※ 우리의 양심은 그리스도와의 연합을 통해 죄에 대해 죽음으로 자유함을 얻게 된다.

2. 믿음의 진정한 표현은 무엇입니까? (약 2:22, 26) 행하는 믿음과 일반적

믿음의 차이는 무엇입니까?

답 행함이다. 행함으로 믿음이 온전하여 진다.(약 2:22) 행함이 없는 믿음은 죽은 것이다.

3. 타락한 인간에게 최초로 주어진 십계명은 누가 누구에게 어디서 전달하였습니까? (출 24:12~16, 32:15~16)

답 여호와 하나님께서 시내 산에서 모세에게 전달하셨다.

4. 예수님과 율법(도덕)과의 관계를 쉽게 표현한다면 어떻게 말할 수 있을까요? (마 5:17) 율법을 완전히 지킬 인간이 단 한 사람이라도 지구상에 있을까요? (롬 3:10, 20)

답 예수님은 율법을 완전하게 하려고 오신 분이다. 이 지구상에 율법을 완전히 지킬 수 있는 사람은 단 한 사람도 없다. 율법의 행위로 하나님 앞에 의롭다 하심을 얻을 수 없다.

요의: 구약의 법 구조

⊙ 십계명(도덕법)을 모법(母法)으로 하여

1~4 → 대신계명(對神): 사람이 하나님께 대한 의무

5~10 → 대인계명(對人): 사람이 사람에게 해야 할 의무

⊙ 도덕율법 (십계명)
- 시민법(재판법)
  - 1. 민법
    - ① 민법
    - ② 물권법
  - 2. 형법
    - ① 대신법
    - ② 대인법
- 의식법
  - 1. 제사법
  - 2. 성결(성별)법
  - 3. 절기법

토의(자유토론)

1. 출애굽기 20장 11~17절의 십계명과 신명기 5장 6~21절의 십계명의 차이점을 찾아봅시다.

답 출애굽기와 신명기의 십계명은 동일하나 다만 네 번째 계명인 안식일에 대해서만 약간의 차이를 갖고 있다.

① 안식의 범위: 출애굽기와 달리 신명기는 종들에 대한 배려가 추가되어 있다. 즉 안식일의 휴식이 주인들뿐 아니라 집안 종들의 유익을 위한 것임을 보여준다.

- 출 20:10 – "일곱째 날은 네 하나님 여호와의 안식일인즉 너나 네 아들이나 네 딸이나 네 남종이나 네 여종이나 네 가축이나 네 문안에 머무는 객이라도 아무 일도 하지 말라."
- 신 5:14 – "일곱째 날은 네 하나님 여호와의 안식일인즉 너나 네 아들이나 네 딸이나 네 남종이나 네 여종이나 네 소나 네 나귀나 네 모든 가축이나 네 문 안에 유하는 객이라도 아무 일도 하지 못하게 하고 네 남종이나 네 여종에게 너 같이 안식하게 할지니라."

② 안식일의 근거 : 창조(출 20:11), 애굽에서의 해방(신 5:15)

2. 우리나라의 6법은 무엇이며 그 모법은 십계명(도덕 율법)이 갖는 모법(母法)의 정신과 어떻게 차이가 나는지 연구해봅시다.

답 우리나라 6법은 "헌법, 민법, 형법, 민사소송법, 형사소송법, 상법"이다. 6법의 모법은 대한민국 백성이라면 마땅히 지켜야 할

법으로, 국민들의 안녕과 보호를 위해 제정한 법칙이다. 이와 달리 십계명 모법은 다음과 같은 차이를 가지고 있다.

① 전 인류에게 주신 하나님의 법이다.

② 하나님께 대한 순종의 의무로써 행해야 한다.

③ 완전치 못한 자신을 발견하게 하여 그리스도를 사모하게 한다.

제 2 과

십계명의 대주제와 서문

요절 율법과 사랑의 조화

읽을성경 마 22:37~40, 출 20:2, 고전 6:20

▶ 십계명의 대 강령이 무엇입니까?
십계명의 대 강령은 우리의 마음을 다하고, 목숨을 다하고, 뜻을 다하여 주 우리 하나님을 사랑하고, 또 우리의 이웃 사랑하기를 자신 같이 하라 하신 것입니다.

▶ 십계명의 서문이 무엇입니까?
십계명의 서문은, "나는 너를 애굽 땅, 종 되었던 집에서 인도하여 낸 하나님 여호와니라" 하신 것입니다.

▶ 십계명의 서문이 우리에게 교훈하는 것이 무엇입니까?
십계명의 서문이 우리에게 교훈하는 것은, 하나님은 주도 되시고 우리의 하나님도 되시고, 또 우리의 구속자도 되시니 그러므로 우리가 마땅히 그의 계명들을 지켜야 한다는 것입니다.

십계명의 두 돌판은 사실상 첫째, 둘째 돌판의 구분은 없습니다. 그것은 어느 것이 더 중요하고 덜 중요하지 않다는 것을 강력히 나타냅니다. 두 돌판의 구분은 그 후 학자들, 즉 정당한 교파에서 설정하였습니다.(십계명 구분란을 참조하십시오)

1. 십계명의 대 주제는 「사랑하라」입니다.

① 1계명에서 4계명까지는 "하나님을 사랑하라."이고, 5계명에서 10계명까지는 "이웃(나 외 모든 인간)을 사랑하라."에 집약되어 있습니다.(마 22:37~40) 이 둘은 곧 "하나님을 사랑하라."에 포함됩니다. 결코 둘을 나눌 수 없습니다.

② 사랑은 율법의 완성입니다.(롬 13:10) 그리스도께서 십자가를 지셨으므로 죄의 삯을 지불하셨고 율법의 요구를 이루셨습니다. 주를 믿는 자는 이미 율법에서 해방되었습니다.(롬 8:2) – 심령의 자유와 기쁨

③ 구원받은 자는 더욱 하나님의 계명을 지킬 적극적 사랑의 의무가 증대되었습니다.(요 14:15)

2. 십계명의 서문은 여호와 하나님의 「은혜」를 보여줍니다.

① 우리의 하나님이 되어 주셨습니다. 여호와, 즉 자존하시며 영원 불변하신 분이요, 삼위일체 하나님으로 우리와 언약을 맺어 주신 분입니다.(고후 6:18, 시 25:14)

② 출애굽, 곧 해방과 구원을 베푸신 은혜자 하나님이십니다. 이스라엘의 구원은 전적 하나님의 은혜로 인간의 공로가 없음을 가르쳐 줍니다.(엡 2:8, 시 136:1~26)

3. 우리의 주요, 하나님, 구속자 되시매 마땅히 그 계명을 지켜야 합니다.(고전 6:20)

① 우리는 하나님의 것이요, 만물이 주에게서 나오고 주로 말미암아

주에게 돌아감으로 그에게 영광이 세세에 있도다.(롬 11:36)

② 그의 계명을 지킴은 예배요, 순종이요, 주권에 대한 의무입니다.

학습문제

1. 마태복음 22장 37~40절의 첫째 계명과 둘째 계명은 무엇을 의미합니까?

답 첫째 계명인 "주 너의 하나님을 사랑하라."는 십계명의 제1계명으로부터 제4계명까지를, 둘째 계명인 "네 이웃을 네 자신과 같이 사랑하라."는 제5계명으로부터 제10계명까지를 의미한다.

2. 십계명을 요약하여 대 주제를 잡는다면 무엇입니까?

답 "사랑하라" 이다.

3. 마태복음 19장 16~22절의 청년은 실제로 계명을 다 지켰습니까?

답 아니다. 이웃에 관한 계명을 지켰을지 몰라도, 재물을 향한 사랑을 놓지 못하고 있는 그의 모습을 볼 때 "마음을 다하고 목숨을 다하고 뜻을 다하여 주 너의 하나님을 사랑하라."(마 22:37)는 첫째 되는 계명을 지키지 못한 것이다. 예수님은 그의 이런 모습을 아시고 그에게 "네 소유를 팔아 가난한 자들에게 주라."(마 19:21)고 말씀하신 것이다.

4. 십계명을 하나님에 대한 의무와 사람에 대한 의무로 완전히 나눌 수 있

을까요?

답 그렇다. 예수님은 십계명을 "하나님을 사랑하라."(1~4)와 "이웃을 사랑하라."(5~10)로 정리하셨다.

5. 십계명의 서문은 그 주제가 무엇입니까? 마음, 성품, 뜻, 힘의 의미를 되새겨봅시다.

답 하나님의 은혜이다. 하나님은 우리의 주가 되어 주사 언약을 맺어 주시고, 구원의 은혜를 베풀어 주신 분으로, 우리는 마땅히 하나님의 계명을 지켜야 한다.

① 마음: 지정의(知情意)를 포함하는 인간의 내적, 정신적 본질

② 성품: 육체와 정신 전체를 포괄한 전인격(全人格)

③ 뜻: 분명한 이해와 통찰력

④ 힘: 육체적, 정신적 활동력 및 모든 능력

6. 구원받은 자가 더욱 계명을 지켜야 함은 형벌이 무서워서입니까? 사랑의 의무입니까? (요 14:15, 21)

답 사랑의 의무이다.

10계명 준수문제와 구분

1. 십계명의 준수와 세 견해

(1) 율법주의: 율법을 지켜야 구원받는다는 견해(유대교)

(2) 무율법주의: 예수님으로 구원받고 율법에서 해방되어 있으니 죄 지어도 괜찮고 거리낌이 없으며(구원파) 사랑이 율법보다 우위이므로 사랑 때문

에 죄 지어도 상황에 따라 죄가 안 된다는(상황 윤리) 견해

(3) 신률(하나님 영광적 성경)주의: 구원 받았으니 더욱 계명을 지키기에 최선을 다하며 약함(온전히 못 지키는)을 인하여 더욱 겸손하며 주를 의지함

※위 (1), (2)은 바른 견해가 아님

2. 십계명의 구분

(1) 유대교: 십계명 서문을 1계로(출 20:2), 제2계명과 제3계명을 2계로 함

(2) 가톨릭, 루터교: 1계와 2계를 하나로 보고, 제10계명을 9계와 10계로 함

(3) 개혁파: 오리겐, 칼빈 등은 첫째 돌판 1~4계, 둘째 돌판 5~10계로 함(가장 정당한 것입니다.)

토의(자유토론)

1. 하나님을 사랑(계명)하는 자가 이웃을 사랑하지 못하는 경우가 있을까요? (예 효도문제)

답 없다. 그것은 하나님을 사랑하는 것과 이웃을 사랑하는 것을 나눌 수 없기 때문이다. 사랑은 율법의 완성이다.(롬 13:10)

2. 신앙이 좋다는(객관적) 자가 이웃을 해치는 경우를 놓고(실증) 계명으로 분석해봅시다.

답 진정으로 신앙이 좋은 사람은 하나님께 받은 구원의 은혜에 감사하여 마땅히 하나님의 계명을 지켜, 하나님을 사랑하며 이웃을 사랑하는 삶을 산다. 그러므로 신앙은 십계명을 바르게 지키는 삶을 사는지 살펴야 할 것이다.

| 제 3 과 |

제1계명

요점 예배의 대상

읽을성경 출 20:3, 신 26:17

▶ 제1계명은 무엇입니까?
제1계명은 "나 외에는 다른 신들을 네게 두지 말라" 하신 것입니다.

▶ 제1계명이 명하는 것이 무엇입니까?
제1계명이 우리에게 명하는 것은 하나님께서 유일한 참 신이 되심과, 우리의 하나님 되심을 알고, 승인하며 그대로 그에게 경배하며 영화롭게 하라 한 것입니다.

제1계명은 하나님만이 참 예배의 대상임을 분명히 보여 줍니다. 사람이나 그 어떤 것도 하나님보다 더 영광을 받아서는 안 됩니다.

1. 하나님 외에는 진정한 예배 대상자가 없습니다.

① 하나님 외에 참 신이 없습니다.(삼하 7:22, 22:32, 시 18:31)

② 하나님만을 우리 앞에 있게 하여야 합니다.

2. 하나님만이 참 신이요 유일하신 분이십니다.

① 우상을 가까이 하지도 말고, 두지도 말아야 합니다.

② 하나님께 합당한 영광을 돌려야 합니다.

※ 대요리 문답 104문 – 하나님을 참 신으로 알고 인정하고(대상 28:9, 신 26:17), 경배하며(시 95:6~7), 생각하며(말 3:16), 묵상하고(시 63:6), 신뢰하며(사 26:4), 소망하며(시 130:7), 감사와 영광을 돌려라(빌 4:6).

3. 하나님을 타종교와 혼합하게 하는 종교 행위를 해서는 안 됩니다.

① 신앙적 타협은 불가합니다.(고후 6:15~16)

② 하나님을 우리의 하나님으로 모셔야 합니다.(출 15:2)

③ 유일신 곧, 「삼위일체」 하나님만 섬김의 대상입니다.(엡 1:13~14) 성부의 선택(엡 1:3~6), 성자의 속량(엡 1:7~12), 성령의 「인」을 주심(엡 1:13~14)

학습문제

1. '하나님 외에 누가 하나님이며' 의 의미는 무엇입니까? (삼하 22:32)

답 오직 하나님만이 참 신이시라는 뜻이다.

2. 왜 인간은 하나님만 섬겨야 합니까? (사 43:21)

답 하나님이 인간을 만드셨고, 그 목적이 하나님을 찬송하게 하는 것이기 때문이다.

3. 나의 하나님이라고 고백할 수 있습니까? (삼하 22:3)
고백해 보세요.(하나님을 향해)

답 하나님은 제가 피할 수 있는 든든한 반석이십니다. 저를 지켜주시는 방패이십니다. 그리고 제가 감당할 수 없는 폭력과 거친 일에서 구원해 주십니다. 하나님은 나의 하나님이십니다.

4. 하나님을 참 하나님으로 경배하는 자의 삶은 어떠해야 합니까?
(롬 11:36, 엡 4:1, 골 1:10)

답 ① 모든 만물이 하나님께로부터 나옴을 고백하며 하나님께 영광 돌려야 한다.(롬 11:36)
② 주께 합당히 행함으로 하나님을 기쁘시게 하며, 모든 선한 일에 열매를 맺고, 하나님 아는 것에 자라나야 한다.(엡 4:1, 골 1:10)
※ 따라서 우리는 '사모함(adoration)' 으로 위대하신 하나님께 머리 숙여 공경과 경배를 드리며, '신뢰함' 으로 하나님을 굳게 믿어 안심하고, 어려운 일이 닥칠 때마다 하나님의 신실하심과 도우심을 '기원' 하며, '감사함' 으로 모든 선한 일에 하나님을 찬양 드려야 한다.

요의: 거짓된 일신교와 다신교

1. 일신교
(1) 마호멧교(Mahomet): 마호멧에 의해 창시되었고(A.D. 570~632), 경전은 「코란」이며, 알라(Allah) 신을 창조, 전능한 신으로 섬긴다. – 성경과 무관

(2) 유대교: 여호와를 섬기나 신약과 그리스도 예수를 메시아로 인정치 않는 그릇된 종교

2. 다신교적 잡신(일본의 800만 잡신, 그리스, 로마신화, 바벨론 잡신, 애굽, 중국, 인도 등 다양함)

토의(자유토론)

1. 한국의 잡신(귀신)에 대하여 말해봅시다.

답 인간의 소원을 들어주는 온전한 신앙의 대상이기보다는 잘못하면 해코지를 할 수 있는 존재를 가리키며, 원과 한을 품고 죽음에 이르게 된 여러 인간적 존재를 두루 통칭하는 단어이다. 민간 신앙에서는 제의를 통해 이들을 달래어 화를 피할 수 있다고 믿고 있다. 하지만 이러한 믿음은 인간이 감당할 수 없는 막연한 두려움을 기원으로 하는 미신이다. 우리는 이러한 미신을 버리고 오직 유일하신 참 하나님, 천지를 만드신 만물의 구주께 온전히 예배를 드리며 섬겨야 할 것이다.

2. 하나님이나 불교나 결국은 같지 않느냐는 불신자들의 말은 왜 부당합니까?

답 불교는 생의 고통의 핵심이 불안과 욕망이며 사람은 그 욕망을 끄고 죽이는 데 애를 써야 한다고 가르친다. 이러한 가르침을 따를 때 불교는 이 세상의 고통에서 구원받을 수 있다고 말한다. 하지

만 하나님만이 천지만물을 지으신 유일하신 참 하나님이시며, 구원의 근원이 되신다. 그러므로 참 구원의 소망을 가진 우리와 불교는 비교할 수 없다.

제 4 과

제1계명의 교훈

요절 오직 하나님

읽을성경 롬 1:21, 시 44:20~21

▶ 제1계명이 금하는 것은 무엇입니까?
제1계명이 금하는 것은 참 하나님을 하나님으로 알지 아니하거나 우리의 하나님으로 경배하지 않고 영화롭게도 하지 않고 그에게만 합당한 경배와 영화를 다른 이에게 드리는 것입니다.

▶ 제1계명 중에 "나 외에"라는 말씀이 우리에게 특별히 교훈하는 것이 무엇입니까?
제1계명 중에 "나 외에" 란 말씀이 특별히 교훈하는 것은 만물을 보시는 하나님이 아무 다른 신을 위하는 죄를 보시고 분하게 여기신다는 것입니다.

하나님 경외 곧 연전의식과 한 번도 예배에 실패하지 말고 생활 자체가 예배가 되는 거룩하고 합당한 예배생활의 중요성을 인식합시다.

1. 하나님을 하나님으로 승인합시다.

① 무신론의 어리석음을 지적합니다.(시 14:1)

② 감사와 영화로운 대상자로 보지 않음도 죄가 됩니다.(롬 1:21)

③ 하나님의 진리를 거짓 것으로 바꾸는, 즉 피조물을 창조주보다 더

경배함을 용납하지 않습니다.(롬 1:25)

2. 하나님 외에(나 외에) 다른 신은 없습니다.

① 어떤 곳에도 하나님은 계시고(시 139:1~12) 하나님만 참 섬김의 대상입니다.

② 상천 하지에 하나님만이 유일한 참 신이므로 하나님 외에 아무도 언급하지 말아야 합니다.(신 4:39)

③ 하나님은, 하나님만 섬기고 또 다른 신을 섬기기를 원치 않고 분하게(질투하심) 여기십니다.(겔 8:1~4, 신 32:16)

종교적 혼합주의를 배격하자

1. 미신적 혼합종교

(1) 대순진리회: 성경, 불경, 사서삼경 등을 혼합하여 성경을 엉뚱하게 왜곡하는 사이비 잡종교이다.

(2) 통일교: 성경, 주역, 헤겔의 철학을 혼합. 문선명을 교주로 하는 우상집단

2. 여호와 하나님을 섬김과 유사 및 타종교 연합 시도의 오류(혼합주의)

(1) 기독교와 타종교의 대화를 주장하는 견해의 잘못(요이 1:10~11)

(2) 오류(타종교)를 인정하는 태도의 모순(몰몬교, 안식교 등)

학습문제

1. 혼합주의란 무엇입니까?

답 서로 다른 사상을 무비판적으로 혼합하여 하나로 연합시키는 것이다. 이러한 혼합은 신앙에 근본적인 본질의 변화를 가져오게 된다. 그렇기 때문에 하나님은 이런 혼합주의에 대해 엄히 경고하셨다.(출 20:2~5, 레 11:45, 수 24:14~27)

오늘날 혼합주의는 인본주의, 실용주의로 포장한 철학과 문화, 샤머니즘과 혼합한 기복주의, 불교의 고행주의와 로마 가톨릭의 수도원주의와 혼합한 명상운동, 감정과 직관주의와 타협한 신비주의, 이성과 합리주의와 혼합한 자유주의, 종교들끼리 연합을 시도하는 종교다원주의 등으로 나타나고 있다.

결국, 이러한 혼합주의는 기독교가 유일하다는 주장을 거부하며, 기독교의 진리를 한낱 편협한 의견에 불과하다고 보아 그리스도를 증거하며 전도하는 것을 어리석은 행동으로 본다. 그러므로 우리는 깨어 있어 하나님 섬김을 방해하는 혼합주의의 유혹을 물리쳐야 할 것이다.

2. 바른 기독교 입장에서 타종교를 관용해야 합니까? (요일 2:23, 요이 10장) (사회생활과 신앙교제를 구분하십시오.)

답 아니다. 성경은 분명 하나님의 아들을 부인하는 자에게 아버지가 없다(요일 2:23)고 증거하고 있다. 우리는 신앙교제에 대해서는 확고해야 한다. 하지만 이웃과의 관계, 즉 사회생활에 있어서는 예수님이 말씀하신 십계명의 정신과 같이(마 22:39) 사랑을 실천하는 삶을 살아야 할 것이다.

3. 하나님은 어떤 경우 질투하십니까? (신 32:16)

답 다른 신을 섬길 때

4. 여호와께 합당한 경배는 어떤 것입니까? (롬 1:21)

답 하나님을 알며, 하나님을 영화롭게 하고, 하나님께 감사드리는 것

토의(자유토론)

1. 각 나라의 잡신(雜神)들에 대하여 말해봅시다.

(예 중국 – 인귀(人鬼) 다신다귀 등)

답
- 일본 – 요괴, 정령
- 중국 – 강시
- 브라질 – 좀비
- 이집트 – 미라
- 스코틀랜드 – 트롤
- 프랑스 – 마녀
- 루마니아 – 드라큘라
- 영국 – 뱀파이어, 늑대인간, 고블린
- 한국 – 몽달귀신, 처녀귀신, 터귀신, 아귀, 걸귀, 달걀귀신 등

2. 종교적 중립이란 것이 있을 수 있는지 말해봅시다.

답 종교적 중립은 있을 수 없다. 예수님은 나와 함께 아니하는 자는 나를 배반하는 자(눅 11:23)라고 말씀하셨다. 우리는 오직 하나님을 섬기며 경배와 찬양을 돌려야 할 것이다.

제 5 과

제2계명

요절 바른 예배

읽을성경 출 20:4~6, 신 32:46

▶ 제2계명이 무엇입니까?

제2계명은 "너를 위하여 새긴 우상을 만들지 말고, 또 위로 하늘에 있는 것이나 아래로 땅에 있는 것이나 땅 아래 물 속에 있는 것의 어떤 형상도 만들지 말며, 그것들에게 절하지 말며, 그것들을 섬기지 말라. 나 네 하나님 여호와는 질투하는 하나님인즉, 나를 미워하는 자의 죄를 갚되 아버지로부터 아들에게로 삼사 대까지 이르게 하거니와 나를 사랑하고 내 계명을 지키는 자에게는 천 대까지 은혜를 베푸느니라." 하신 것이다.

▶ 제2계명이 명하는 것은 무엇입니까?

제2계명에서 명하는 것은 하나님이 자기 말씀 가운데서 정하신 종교적 모든 예배와 규례를 받아 순종하며 깨끗하고 온전하게 지키라는 것입니다.

제2계명은 예배의 정당한 방법에 대하여 말씀합니다.

1. 제2계명의 내용

① 우상을 만들지 말며 섬기지 말라는 것입니다.(출 20:4~6)

② 참 신 하나님을 그릇된 방법으로 섬기지 말라고 명한 것입니

다.(기분과 감정에 치우치거나 사람에게 보이려는 외식을 삼가해야 합니다.)

③ 하나님께 바른 예배를 드리라는 것입니다.(요 4:24)

④ 하나님을 사랑하는 자에게와 미워하는 자에게 하나님께서 복과 진노의 두 가지 반응으로 자손에게까지 미치게 합니다.

2. 제2계명에서 명(命)하는 것

① 예배와 규례를 순종하라는 것입니다.(요 4:24, 신 12:32, 33:46)

: 그리스도의 이름으로 드리는 기도와 감사, 말씀을 읽고 듣는 것, 성례들의 거행과 받음, 교회정치와 권징, 성직과 그것의 유지, 종교적 금식을 할 것, 하나님의 이름으로 맹세하는 것, 모든 거짓된 예배를 부인하고 미워하며 반대할 것과, 각자의 지위와 사명에 따라 거짓된 예배와 모든 우상 숭배의 기념물들을 제거하는 것입니다.

※ 영(靈)이신 하나님께 믿음으로 그 말씀을 순종해야 합니다.

② 깨끗하고 완전하게 지키라는 것입니다(마 28:20, 딤전 6:14)

: 위의(①번) 내용들을 지키되 참으로 순수한 예배를 드리는 자들이 되기 위해 열심히 노력해야 합니다. 제2계명을 범할 때 가장 어려움을 겪는 것은 자녀들입니다. 그러나 우리가 하나님께서 그의 말씀에 제정하신 대로 경건한 예배와 규례들을 수납하고 거행하며, 순수하고 완전하게 지킬 때, 하나님께서는 놀랄 만한 자비를 베풀어 주십니다. 따라서 하나님께 대한 예배와 규례를 순수하게 지키려고 노력하는 교회에서, 자녀들은 특별하게 복을 받습니다.

요의

1. 십자가의 우상화

십자가는 구속의 상징으로 믿는 데는 의의가 없으나, 우상화해서 미신(迷信)으로 사용해서는 안 된다.

2. 성화(특히 인물화)의 우상화

신앙생활을 돕기 위해서 성경에서 인용한 성화들이 많이 있는데 이런 것들을 자주 보고 걸어두면 결국은 형상으로 만들어 우상 숭배할 염려가 있으니 성경적이 아니요 우상 숭배를 유인하는 폐단이 생기므로(역사적으로 있었기 때문) 조심해야 한다.

3. 마리아 우상 숭배

① 영원한 처녀성 때문에

② 초자연적 예수 잉태 및 탄생 때문에

③ 주후 431년 에베소 회의 때 [하나님의 어머니]로 천주교에서 신격화한 것이다.

4. 신사참배와 제사(겔 8:16, 신 26:14, 시 31:12)

성경말씀에 즉, 제2계명에 위배되는 것이다.

5. 단군성전 건립 및 숭배

단군은 신화적 인물인데 국가적으로 섬기는 일은 국민 전체를 우상 숭배로 오도하는 일이요, 제2계명에 위배된다.

학습문제

1. 우상에 대하여 중요한 내용 세 가지를 기록해봅시다. (출 20:4~6)

답 ① 너를 위하여 새긴 우상을 만들지 말라.

② 우상들에게 절하지 말라.

③ 우상을 섬기지 말라.

2. 제2계명이 명(命)하는 것은 무엇입니까? (신 12:32, 마 28:20)

답 명령하는 이 모든 말을 지켜 행하고 그것에 가감하지 말라.

3. 김일성 부자 우상화의 북한 실정과 그 오류가 무엇입니까? (신격화에 대하여) (신 4:39)

답 자신들을 신으로 섬기게 하였으나, 그들도 결국 죽었다. 오직 하나님 외에 다른 신은 없다.

토의(자유토론)

1. 바른 예배를 잘 드리려면 어떻게 해야 하는지 말해봅시다. (요 4:23~24)

답 성령과 진리이신 그리스도 안에서 하나님께 예배드려야 한다. 우리의 예배와 경배의 대상은 오직 삼위일체 하나님뿐이시다. 그리고 예배는 언약 관계 속에서 살아계신 하나님의 임재 앞에 나아가는 것이다. 범죄하여 타락한 인간은 결코 거룩하신 하나님 앞에

스스로 나아갈 수도 예배드릴 수도 없다. 오직 예수 그리스도 안에서 의롭다 함을 받고, 오직 성령으로 거듭난 사람만이 하나님 앞에 나아갈 수 있고, 참된 예배를 드릴 수 있다.

2. 왜 단군 숭배를 반대해야 합니까? 그리고 그들을 찬성하는 여론의 주장은 무엇입니까?

답 단군 숭배는 고조선을 세운 단군에 대한 신앙으로, 단군과 그의 가계를 천손족의 위치로 신격화시켰으며 동시에 바람 · 비 · 구름 등의 자연물 신앙을 보조적으로 사용하였다. 단군 숭배를 찬성하는 여론이 있는 이유는 단군 숭배가 민족의 자주성을 지켜내기 위한 민족주의 역사관을 강화시키고, 민족을 결집시키는 집단적 상징의 역할을 담당했기 때문이다. 하지만 단군 숭배 역시 우상 숭배로, 우리는 하나님께만 온전한 예배를 드려야 할 것이다.

제 6 과

제2계명의 교훈

요절 오직 하나님께만 경배

읽을성경 신 4:16~19, 시 100:3

▶ 제2계명에서 금(禁)하는 것이 무엇입니까?

제2계명이 금하는 것은 우상으로 하나님을 경배하거나 하나님의 말씀에 정하지 아니한 어떤 다른 방법으로 하는 것입니다.

▶ 제2계명을 지키라 한 이유가 무엇입니까?

제2계명을 지키라 한 이유는 하나님이 우리의 주재가 되시며 우리의 소유주가 되시며 홀로 자기에게만 경배하기를 바라시는 것입니다.

구체적으로 생활(문화) 속에서 범하기 쉬운 우상에 대한 확실한 지식이 있어야 합니다.

1. 제2계명에서 금(禁)하는 것

① 우상이나 형상으로 하나님을 대신하지 말라는 것입니다.(신 4:17~19, 13:6~8, 행 17:29) – 우상이란 나무나 돌이나 쇠붙이로 어떤 형상을 만들어 숭배하고 신앙하여 이로 인하여 고통을 벗고 위안을 얻으려는 신앙의 대상이요, 형상이란 물건의 형체와 상상

의 형상을 말합니다. 우리가 흙이나 나무로 어떤 형상을 만들었다고 그것을 우상이라고 말하지는 않고 예술품이나 조각이라고 합니다. 그러나 누구가 그 형상을 하나님처럼 섬기거나 경배드리거나 혹은 복을 받겠다고 기도를 드린다면 그것은 우상이 되는 것이요, 우상 숭배가 되는 것입니다.

② 성경이 정하지 아니한 다른 방법으로 하나님을 섬기지 말라는 것입니다.(레 10:1, 삼하 6:7)

㉠ 절하지 말 것(출 34:8, 삼상 1:28) – 허리를 굽히고 머리를 땅에 대는 행동인데, 느부갓네살은 금 신상을 세워 놓고 전 국민으로 하여금 절하게 했습니다.(단 3:7)

㉡ 어떤 종교적인 경배를 꾸며대는 모든 것(민 15:39), 의논하는 것(신 13:6~8), 명령하는 것(호 5:11), 사용하는 것(왕상 11:33), 교묘하게 인정하는 것(왕상 12:30, 32)입니다.

2. 제2계명을 지키라고 하신 이유(교훈)

① 하나님은 우리의 주권자가 되심(시 95:2~3)

② 우리의 소유주가 되심(시 100:3, 롬 1:6)

③ 홀로 하나님에게만 경배하는 것을 바라심 – 오직 하나님께만 경배(출 34:14, 계 15:4)

요의

- 형상들
  - ① 자연적 형상: 태양, 별, 돌, 나무 등
  - ② 인공적 형상
    - ① 조각한 형상
    - ② 부어만든 형상
    - ③ 그림으로 그린 형상

학습문제

1. 시체 앞에 절하는 것과 제사 때 절하는 것이 우상 숭배가 됩니까? (출 20:5, 출 20:23)

답 그렇다. 하나님은 질투하시는 분으로, 오직 하나님만을 섬겨야 한다.

2. 돈, 권력, 명예, 자신 등이 우상이 되는 경우는 어떤 때입니까? (딤후 3:2~5)

답 하나님을 사랑하는 것보다 자기 자신과 돈과 권력 그리고 명예를 더 사랑할 때이다.

3. 제2계명에서 금하는 것은 무엇입니까?

답 ① 우상이나 형상으로 하나님을 대신하는 것.

② 성경이 정하지 아니한 다른 방법으로 하나님을 섬기는 것.

4. 제2계명을 지키라고 하신 이유는 무엇입니까?

답 ① 시 95:2~3 – 하나님은 모든 신들보다 크신 왕이시기 때문이다.

② 시 100:3 – 하나님은 우리를 지으신 분으로, 우리는 하나님의 소유요, 백성이기 때문이다.

③ 출 34:14, 계 15:4 – 하나님은 다른 신에게 절하는 것을 질투하시는 분으로, 오직 하나님께만 경배드려야 하기 때문이다.

토의(자유토론)

1. 성경에 나타난 형상을 아는 대로 말해보고 형상 숭배가 부당한 이유를 말해봅시다. (왕하 21:7, 삼상 19:13~16, 출 32장)

답 ① 바알(왕하 10:26): 폭풍우와 비의 신으로 농경사회에서 풍년과 연결된 가장 중요한 신이다. 고대인들은 바알을 만족시키기 위해 난잡한 성적 행위들을 신전에서 행하였다.

② 아세라(왕하 21:7): 가나안 지역에서는 풍요 신 바알의 아내로 여겨지며 추앙받았다.

③ 송아지 형상(출 32장): 이스라엘 사람들이 출애굽 후 시내산 아래에서 만든 송아지 형상은 이집트의 아피스 숭배를 모방한 것으로 보인다. 이집트에서 아피스로 선택된 황소는 그 지역 이집트인들의 경배와 찬양을 받았으며, 이 황소가 죽은 후에는 미이라로 만들어져 보관 장소에 소중히 보관되었다.

④ 그모스(왕하 23:13): '정복자' 혹은 '불' 이란 뜻을 가진 모압과 암몬 족속의 민족신으로, 정결 의식의 일환으로 자식을 제물로

드려 불 가운데로 지나게 하는 몹시 가증스러운 인신 제사 형태를 가지고 있었다. 암몬 사람들은 '몰렉' (Molech, 렘 32:35), '몰록' (Moloch, 왕상 11:7), '말감' (렘 49:1), '밀곰' (Milcom, 왕상 11:5) 등으로 부르기도 했다.

2. 제2계명을 지켜야 하는 이유가 무엇입니까?

(출 20:6, 시 95:3, 시 100:3)

답 ① 하나님의 약속이 있기 때문이다.(출 20:6)

② 하나님은 크신 왕이시기 때문이다.(시 95:3)

③ 하나님은 우리를 지으신 창조주이시며, 우리는 그의 것, 그의 백성이기 때문이다.(시 100:3)

제 7 과

제3계명

요절 존귀한 여호와

읽을 성경 출 20:7, 마 6:9

▶ 제3계명이 무엇입니까?

제3계명은 "너는 네 하나님 여호와의 이름을 망령되게 부르지 말라. 여호와는 그의 이름을 망령되게 부르는 자를 죄 없다 하지 아니하리라." 하신 것입니다.

▶ 제3계명에서 명(命)하는 것은 무엇입니까?

제3계명에 명하는 것은 하나님의 이름과 칭호와 속성과 규례와 말씀과 행사를 거룩하고 존경하는 마음으로 사용하라는 것입니다.

예배에 합당한 영적, 외적 모든 태도를 정확히 하여야 합니다.

1. 제3계명의 내용

① "너는 네 하나님 여호와의 이름을 망령되게 부르지 말라." 입니다.(출 20:7)

② 하나님의 이름을 부를 때 거룩하고 존경하며 두려워하는 마음으로 사용하라는 것입니다.

③ 사람이 하나님께 대하여 말로나 행동으로나 그 이름을 영광스럽

게 하여야 한다는 것입니다.

2. 제3계명이 명하는 것

① 하나님의 성호를 거룩하게, 또 경건하게 사용하라는 것입니다.(레 19:2, 벧전 1:16) – 하나님의 칭호, 이름, 속성들, 의식, 말씀, 성례, 기도, 맹세, 서원, 선택, 그의 역사 및 기타 어떤 것이든지 그를 나타내는 데 있어서 생각에나, 묵상에나, 말에나, 글에 있어서입니다.

② 거룩한 고백으로, 합당한 생활로, 하나님께 영광되게 하며(고전 10:31), 또 우리들 자신이나 다른 사람의 유익을 위하여(벧전 2:12) 사용하라는 것입니다.

③ 존귀한 여호와의 이름의 절대성과 존엄성을 고취하라는 것입니다.

요의

1. 칼빈에 의하면 우리가 준수해야 할 세 가지가 있다고 한다.
첫째, 우리의 모든 일을 통해서 하나님의 존귀와 그의 이름의 고귀함과 그의 위대함에 대하여 영광을 돌려야 한다.
둘째, 우리는 우리의 야심이나 탐욕이나 즐거움을 위하여 그의 거룩한 말씀을 오용하고 남용해서는 안 되며, 그 거룩한 말씀을 항상 존경하며 존중해야 한다.
셋째, 하나님을 비난하거나, 그의 행적을 훼방해서는 안 되며, 하나님이 하시는 일에 대해 그의 지혜와 의와 선을 찬양해야 한다.

2. 제3계명은 생활 속에서 조심하며 지켜야 하는 계명이요, 특히 말과 지체

로써 경배하는 외적인 행위이다.

학습문제

1. 우리의 삶 속에서 함부로 "하나님", "예수님" 운운한 적은 없습니까? 이것은 왜 잘못되었습니까? '망령됨' 과 연관해서 말해보십시오.

   답 ① 습관적인 언어 행위(하나님 이름을)

   ② 하나님의 이름을 빌어 자신의 욕심을 채우는 행위(영토 확장을 위한 전쟁에, 또는 소비자를 현혹하는 광고에 하나님의 이름을 내세우는 것),

   ③ 하나님의 이름으로 헛되이 맹세하는 행위

   ④ 하나님의 이름을 마술 용어처럼 사용하는 행위(신비주의, 기복주의 등 무속신앙)

2. 중언부언하는 기도나 간절하지 못한 마음으로 하나님께 찬양하고 있지 않습니까? (마 6:7)

   답 하나님은 형식이나 경건의 모양을 보시는 분이 아니시다. 하나님은 사람의 마음과 양심을 감찰하시는 분이시다(시 7:9). 오직 하나님 말씀을 따르는 진실함으로 나와야 할 것이다.

3. 칼빈이 말한 우리가 준수해야 할 3가지는 무엇입니까?

   답 ① 모든 일을 통해 하나님께 영광을 돌려야 한다.

② 오직 하나님의 영광을 위해 예배 드려야 한다.

③ 언제나 하나님의 지혜와 의와 선을 찬양해야 한다.

토의(자유토론)

1. 성경에 나타난 여호와의 이름과 그 뜻을 말해봅시다.
(창 22:14, 출 15:26, 17:15, 삿 6:24, 시 23:1, 겔 48:35)

답 ① 여호와 이레(창 22:14): 여호와께서 준비하심

② 여호와 라파(출 15:26): 여호와께서 치료하심

③ 여호와 닛시(출 17:15): 여호와는 나의 깃발

④ 여호와 샬롬(삿 6:24): 여호와는 나의 평강

⑤ 여호와 로이(시 23:1): 여호와는 나의 목자

⑥ 여호와 삼마(겔 48:35): 여호와께서 거기 계심

2. 제3계명을 잘 지키는 방법을 말해봅시다.
(신 4:9, 눅 22:32, 시 22:22, 골 3:17)

답 ① 스스로 힘써 마음을 지켜, 잊지 않고 마음에서 떠나지 않도록 조심하며 전하기에 힘씀(신 4:9)

② 믿음이 떨어지지 않도록 기도하고 형제들을 굳게 함(눅 22:32)

③ 주의 이름을 형제에게 선포하고 회중 가운데 찬양함(시 22:22)

④ 무엇을 하든지 말에나 일에나 다 주 예수의 이름으로 하고, 그를 힘입어 하나님 아버지께 감사함(골 3:17)

제 8 과

제3계명의 교훈

요절 성호에 합당한 찬양과 영광 돌림

읽을성경 말 2:2, 신 18:58~59

▶ 제3계명에서 금하는 것이 무엇입니까?
제3계명에서 금하는 것은 무엇이든지 하나님이 자기를 나타내신 것을 훼방하거나 악용하는 것입니다.

▶ 제3계명에서 지키라 한 이유가 무엇입니까?
제3계명에서 지키라 한 이유는 이 계명을 범하는 자는 비록 사람에게는 형벌을 피할지라도 주 우리 하나님은 저희로 하여금 그 의로우신 심판을 피하지 못하게 하시는 것입니다.

우리의 삶 속에서 하나님의 영광을 가로채거나 마땅히 예배하는 인생이 되어야 하고, 실패하는 삶이 되어서는 안 됩니다.

1. 제3계명에서 금하는 것

① 하나님께서 나타내신 것을 훼방하지 말라는 것입니다.(말 2:2, 출 5:2) – 나타난 권위를 무시하거나 혹은 적대시하여 모욕하는 언행입니다.

㉠ 하나님의 이름을 우상이나 다른 신에게 주는 것(출 32:4, 왕상 12:28)

㉡ 함부로 주님의 이름을 불러 영광을 가리는 것과 또 멸시하거나 욕되게 하는 것

㉢ 신성한 하나님의 말씀을 불경건하게 사용하는 것

㉣ 무성의하고도 가식적인 기도, 찬송, 설교, 헌금하는 것(암 4:4~5)

㉤ 예배당에서 경솔하고 불경건하게 세속적 언행을 사용하는 것.

② 하나님께서 나타내신 것을 악용하지 말라는 것입니다.(레 19:12, 마 5:34~36)

㉠ 무지하게, 헛되게, 불경건하게, 세속되게, 미신적으로 악용하는 것

㉡ 칭호, 속성, 의식 또는 사역들을 악하게 말하거나 다르게 쓰는 것.

㉢ 위증하는 것(슥 5:4)

㉣ 죄악된 저주, 맹세, 서원, 선택, 추첨으로 남용하는 것(※대요리 113문 참조)

2. 제3계명을 지키라고 하신 이유

① 이 계명을 범하는 자가 사람에게서 형벌을 피한 것으로 무마되는 것이 아니기 때문입니다.(삼상 2:12) – 엘리의 아들들

② 하나님의 공의의 심판을 피하지 못하게 하시기 때문입니다.(신 28:58~59, 호 10:4).

③ "하지 말라"고 하신 하나님의 절대 명령을 어김에 대한 대가를 반드

시 갚으신다는 하나님의 선고를 결단코 피할 수 없기 때문입니다.

요의

제3계명을 범하는 것 가운데 외적으로 거짓 교리를 신봉하거나(사이비종교) 하나님이 명령하신 것을 공공연히 반대할 때, 그리스도의 이름이 망령되이 일컬어진다.(요일 2:19)

- "형식주의"(사 2:12~22, 딤후 3:5)
- "전통주의" – 서기관과 바리새인들(막 7:7, 13)
- "현대주의" – 기독교 신앙에 대한 거짓 이론에 붙여진 이름(마 7:21~23),
- "각종 이단종파"

학습문제

1. 왜 예수님은 바리새인과 서기관들을 책망하였습니까? (마 23:23)

답 십일조는 철저하게 드리면서 율법의 더 중요한 정의와 긍휼과 믿음은 버렸기 때문이다.

2. 이사야 1장 11~13절을 읽으십시요. 하나님이 싫어하시는 제사(예배)는 무슨 이유입니까?

답 예배와 함께 악을 행하기 때문이다.

3. 시편 51장 17절에서 하나님이 받으시는 제사는 어떤 것입니까?

답 상하고 통회하는 마음으로 드리는 예배이다.

4. 시편 50장 14~15절에서 참 감사로 하나님께 예배를 드렸는지, 역경의 때에도 끝까지 하나님을 의지하였는지 묵상해봅시다.

답 우리는 일상생활 가운데 보호하시고 도우시는 하나님의 은혜에 감사드려야 한다. 하나님은 언제나 우리를 버리지 않고 기억하시며 도울 것을 약속하신다(사 49:15~16). 그러므로 이제 우리는 감당할 수 없는 어려움 가운데에서도 담대히 하나님을 부르며 구원하시는 놀라운 하나님의 은혜를 소망하고 하나님께 영광 돌려야 할 것이다.

토의(자유토론)

1. 맹세와 서원에 대해서 함부로 하지는 않았었는지 생각해봅시다. (제3계명과의 관련해서, 직분 받았을 때, 개인 기도시, 혹은 삶 속에서)

답 ① 맹세(盟誓, oath): 내가 말한 내용의 진실함을 불변하는 진리 혹은 불변하는 권세의 심판 아래 건다는 뜻으로, "하나님 앞에서 자신의 말과 행동이 신실하며 약속한 바를 반드시 이루겠다는 서약"(신 7:8) 혹은 "신의를 지키기 위해 사람과 사람 사이에 행하는 약속"(창 26:28)을 가리킨다.

② 서원(誓願, vow): "하나님 앞에서 맹세하여 소원을 세우다"는 뜻으로, 요구되지 않는 선행(善行)의 실행이나 경건 행위를 자발적으로 엄숙하게 하나님께 약속하는 것을 가리킨다(창

28:20~22, 레 27:2, 8, 삿 11:30). 이는 하나님의 사랑과 은총에 대해 자신을 온전히 헌신하는 적극적인 신앙 반응이다. 서원은 하지 않아도 흠이 되지 않으나, 일단 하고 나면 해로울지라도 반드시 갚아야 한다는 원칙이 있다(신 23:23). 또한 서원을 취소한 경우 속죄제를 드려 그 잘못을 용서받아야 했다(레 5:4~6).

제 9 과

제4계명

요점 성별된 날

읽을성경 출 20:8~11, 창 2:3

▶ 제4계명은 무엇입니까?

제4계명은 "안식일을 기억하여 거룩한 날로 지키라. 엿새 동안은 힘써 네 모든 일을 행할 것이나 일곱째 날은 네 하나님 여호와의 안식일인즉, 너나 네 아들이나 네 딸이나 네 남종이나 네 여종이나 네 가축이나 문안에 머무는 객이라도 아무 일도 하지 말라. 이는 엿새 동안에나 여호와가 하늘과 땅과 바다와 그 가운데 모든 것을 만들고 일곱째 날에 쉬었음이라. 그러므로 나 여호와가 안식일을 복되게 하여 그날을 거룩하게 하였느니라." 하신 것입니다.

▶ 제4계명에서 명하는 것이 무엇입니까?

제4계명에서 명하는 것은 하나님 말씀 중에 명하신 절기를 그의 앞에 거룩히 지키는 것이니 특별히 칠 일 중에 하루를 종일토록 그의 거룩하신 안식일로 삼으라는 것입니다.

▶ 하나님께서 칠 일 중에 어느 날을 안식일로 명하셨습니까?

세상 시작으로부터 그리스도의 부활하시기까지는 하나님이 이레 중에 일곱째 날을 안식일로 명하셨고, 그 후로부터 세상 끝날에 이르기까지는 이레 중의 첫날에 명하셨으니 곧 그리스도인의 안식일입니다.

구약의 안식일은 창조의 완성자 하나님에 대한 거룩함을 노래하며 복 주신 은혜를 누리며 살 것을 핵심으로 합니다. 이는 영원한 안식의 표이며 거룩한 예배 생활의 표입니다. 그리고 안식일의 주인이신 예수님의 구속과 부활로 승리, 완성의 주일로 새로워졌습니다.

1. 제4계명의 내용

① 안식일을 기억하여 거룩히 지키라.(출 20:8~11)

② 하나님을 경배할 날(시간)을 명한 것

③ 모든 날 가운데 성별된 날을 성별되게 지키라는 것

2. 제4계명에서 명하는 것

① 이레 중 하루를 거룩히 지키라는 것입니다.(창 2:3, 레 19:3, 신 5:12)

② 특별히 이레 중 하루를 종일토록 거룩하게 지키라는 것입니다.(출 16:25~29)

3. 이레 중 안식일로 정한 날

① 세상 시초부터 그리스도 부활까지는 이레 중 끝날을 정하셨습니다.(창 2:3)

② 그리스도 부활 후부터 주님 오실 때까지는 이레 중, 첫날을 정하셨습니다.(마 12:8, 행 20:7)

요의

1. 제7일 안식일이 제1일 주일로 바뀐 일

① 안식일의 주인인 그리스도의 구속에 근거한다.(막 2:28, 요 20:19, 26, 계 1:10)

② 그리스도의 부활에 근거한다.(마 28:1~15)

③ 사도들과 초대교회의 행적에 근거한다.(고전 16:2)

2. 명칭

「일요일」, 「안식일」, 「주일」 가운데 성도들은 "주님의 날(Lord' s day)" 또는 "주일(主日)"로 부르면 좋다. 이것이 성경적이요, 신앙적이다.

3. 안식의 구분

안식 (일을 하지 않고 쉼 – 평강)

① 내적, 도덕적, 신령적으로 죄로부터 안식

② 외적 및 의식적 안식 (하나님이 제정)

㉠ 직접적 안식 – 구약안식(이렛날)

㉡ 간접적 안식(첫째날) – 교회를 통하여 이룩된 신약 안식일로서 「주의 날」

- 날의 안식
- 해의 안식 – 매 7년마다 → 제7일
  → 유월절, 오순절, 장막절 등 각종 절기
- 달의 안식 – 새 달

학습문제

1. 안식일은 누가 만드셨습니까? (출 20:11)

답 하나님

2. 안식일을 바로 지키는 전제는 무엇이라고 말씀합니까? (출 20:9)

답 엿새 동안은 힘써 자신의 모든 일을 행함

3. 출애굽기 20장 11절과 이시야 43장 21절을 비교하면서 피조물의 존재 목적을 찾아봅시다.

답 피조물의 존재 목적은 여호와 하나님을 찬송하는 것이다.

4. 안식일이 주일로 바뀐 근거 3가지는 무엇입니까?

답 ① 막 2:28 – 예수님이 안식일의 주인

② 고전 15:3~4 – 예수님이 부활하신 날

③ 고전 16:2 – 사도들과 초대교회가 모인 날

토의(자유토론)

1. 안식일과 주일을 비교해서 말해봅시다.

답 안식일(the Sabbath Day)은 한 주의 끝날 곧 토요일을 가리키며, 이는 하나님의 창조의 은혜와 구원의 은혜를 동시에 기억하며 감사의 예배를 드리는 날이었다. 구약의 이스라엘은 이 날을 지켜,

영육간의 충족과 쉼을 얻었다.

이에 반해 주일(the Lord' s Day)은 초대교회부터 시작된 개념으로, 안식일의 주인이신 예수님이 부활하신 날을 따라 예배를 드리는 날이다. 주일에는 하나님께 예배를 드림과 함께 우리에게 안식을 주시기 위한 구약의 의식법인 안식일 규례가 예수 그리스도에 의해 완성되었다는 고백을 가지고 있다. 따라서 우리는 주일에 예수 그리스도 안에서 안식을 누림같이 장차 영원한 천국에서 충만한 안식을 얻게 될 것을 소망하게 된다. 오늘날 교회들은 이러한 고백에 따라 주일을 지켜 예배드리고 있다.

2. 안식일에 대한 각 파의 견해를 말해봅시다.(예 안식교, 천주교, 유대교)

답 ① 안식교: 불변설 입장 – 십계명 중 제4계명은 오늘날에도 변함이 없으며, 따라서 토요일을 안식일로 지켜야 한다.

② 천주교: 무관설 입장 – 구약의 안식일은 십계명 중 하나이고 신약의 주일은 구속사역과 연관되기 때문에 서로 아무 상관이 없다.

③ 유대교: 불변설 입장 – 안식일은 오늘날에도 변함없다고 생각하며, 율법에 따라 철저히 토요일을 안식일로 지켜 일하지 않는다.

④ 기독교: 전이설 입장 – 구약의 안식일이 예수 그리스도의 부활과 더불어 신약의 주일로 전이되었다.

제 10 과

제4계명의 교훈

요점 성수주일 신앙 확립

읽을성경 레 23:3, 사 58:13~14

▶ 어떻게 하여야 안식일을 거룩하게 하겠습니까?

안식일을 거룩하게 하는 것은 그날 종일을 거룩하게 쉼으로 할 것이니 다른 날에 합당한 여러 가지 세상 일과 오락까지 그치고 그 시간을 공사 예배 바쳐 사용할 것이요, 그 외에는 부득이 한 일과 자선 사업에 사용할 수 있습니다.

▶ 제4계명에서 금하는 것이 무엇입니까?

제4계명에서 금하는 것은 그 명한 바 의무를 이행하지 아니하거나 혹 주의하지 아니하여 나태함으로써 그날을 더럽게 하거나 죄 되는 일을 행하거나 세상의 여러 가지 일과 오락에 대하여 불필요한 생각과 말과 행동을 하는 것입니다.

▶ 제4계명에서 "안식일을 지키라." 한 이유는 무엇입니까?

제4계명에서 지키라 한 이유는 하나님이 우리의 여러 가지 일을 위하여 여섯 날을 허락하시고 일곱째 날은 자기가 특별히 주장하는 이가 되었다 하심과 자기가 친히 모범을 보이신 것과 안식일을 축복하신 것입니다.

성도는 구별된 백성이며 구별된 시간(주일)을 드리는 것이 복된 삶입니다. 주일 개념이 점점 약해지는 것은 곧 타락의 증거입니다. 구약의 안식일 정신을 가지고 신약의 예수님과 접목해야 바르게 주일을 지키는 것입니다.

1. 주일을 거룩하게 지키는 방법

① 종일 거룩하게 쉬어야 합니다.(출 20:8~10)

㉠ 세상 일과 오락을 그칠 것(레 23:3)

㉡ 그 시간을 공 · 사 예배에 바칠 것(사 58:13~14)

㉢ 부득이한 일과 자선 사업에 사용할 것(마 12:11)

② 준비를 잘해야 합니다.

㉠ 엿새 동안 열심히 일하므로 준비(살후 3:10)

㉡ 심령을 기쁨으로 단장합니다.(사 58:13)

㉢ 말씀 읽고 기도로써 준비(요 17:17, 시 1:1~3)

③ 하나님의 말씀을 잘 받아야 합니다.

㉠ 사탄의 방해를 물리치고(슥 3:1)

㉡ 사모하므로(벧전 2:2)

㉢ 기쁜 마음으로(렘 15:16)

㉣ 믿음으로(히 4:2)

㉤ 겸손한 마음으로(약 1:21, 시 25:9)

㉥ 주의 깊게(눅 8:15)

④ 묵상해야 합니다.

㉠ 창조의 역사를(창 1장)

㉡ 하나님의 신성을(출 15:11)

㉢ 그리스도의 속죄의 사랑을(계 1:5)

㉣ 영원한 안식을(천국 – 계 21장)

⑤ 전도해야 합니다.

2. 제4계명에서 금하는 것

① 명한 의무를 이행치 않는 것(겔 22:26)

② 나태하여 그 날을 더럽히는 것(말 1:12~13)

③ 죄 되는 일을 행하는 것(겔 23:37~38)

④ 세상 오락과 불필요한 생각과 말과 행동(사 58:13)

3. 제4계명을 지키라 한 이유

① 우리의 생명을 위해서(출 31:15~16)

② 하루는 하나님의 날이므로(레 23:3)

③ 친히 모범을 보이셨으므로(출 31:17)

④ 안식일을 친히 축복하시려고(창 2:3)

요의

안식교와 안식일

안식일에 대해 가장 이단적인 주장을 하면서 오늘날 정통 교회를 위협하고 있는 것이 안식교이다. 그들은 제7일만이 성경적 안식일이라고 말하나 그 부당한 이유는,

① 율법주의이기 때문에 부당함

② 성경 문맥으로 보아서도 부당함

③ 인간의 조작이므로 부당함

학습문제

1. 주일을 거룩하게 지키는 방법을 5가지만 말해봅시다.

답 ① 출 20:8~10 – 6일 동안 힘써 일하고, 주일은 거룩한 쉼을 가짐
② 시 1:1~3 – 하나님의 말씀을 읽고 묵상하면서 주일을 준비
③ 벧전 2:2 – 사모함으로 하나님 말씀을 받음
④ 계 1:5 – 나를 위해 죽으신 그리스도의 사랑을 묵상
⑤ 딤후 4:2 – 말씀을 전파하고 가르치기 위해 애씀

2. 제4계명에서 금하는 것은 무엇입니까? (4가지)

답 ① 명한 의무를 이행치 않는 것(겔 22:26)
② 나태하여 그 날을 더럽히는 것(말 1:12~13)
③ 죄 되는 일을 행하는 것(겔 23:37~38)
④ 세상 오락과 불필요한 생각과 말과 행동(사 58:13)

3. 제4계명을 지키라고 한 이유는 무엇입니까? (4가지)

답 ① 우리 자신들의 생업을 위해서(출 31:15~16)
② 하루는 하나님의 날이므로(레 23:3)
③ 친히 모범을 보이셨으므로(출 31:17)
④ 안식일을 친히 축복하시려고(창 2:3)

4. 안식일을 주일로 지키게 된 것을 성경에서 찾아봅시다.

(마 12:8, 마 28:1, 행 20:7, 골 2:16~17, 계 1:10)

답 ① "인자는 안식일의 주인이니라 하시니라" (마 12:8).

② "안식일이 다 지나고 안식 후 첫날이 되려는 새벽에 막달라 마리아와 다른 마리아가 무덤을 보려고 갔더니" (마 28:1).

③ "그 주간의 첫날에 우리가 떡을 떼려 하여 모였더니 바울이 이튿날 떠나고자 하여 그들에게 강론할새 말을 밤중까지 계속하매" (행 20:7).

④ "그러므로 먹고 마시는 것과 절기나 초하루나 안식일을 이유로 누구든지 너희를 비판하지 못하게 하라 이것들은 장래 일의 그림자이나 몸은 그리스도의 것이니라" (골 2:16~17).

⑤ "주의 날에 내가 성령에 감동되어 내 뒤에서 나는 나팔 소리 같은 큰 음성을 들으니" (계 1:10).

토의(자유토론)

1. 안식교의 안식일 고집에 대한 부당성을 구체적으로 말해봅시다.(요의 참조).

답 안식교는 구약의 안식일을 변치 않는 영원히 지켜야 할 율법으로 규정하고, 토요 안식일을 지키지 않으면 멸망의 길로 간다고 가르치고 있다. 즉 그들은 주일을 지키는 자들은 사탄을 지지하는 세력에 굴복하는 자들이요, 구원을 받을 수 없는 자들로 말하고 있다. 과연 성경이 그렇게 말하고 있는가? 성경은 분명 안식 후 첫날을 주의 날로 지칭하며 사도와 교회가 모여 예배드리는 모습을 보여주고 있다. 안식일은 그리스도의 구원을 보여주는 그림자이다.

그리스도께서 이 땅에 오심으로 이제는 주일에 예배드리며, 후에 임할 천국의 충만한 안식을 소망하게 하신다.

2. 유대인의 안식일 준비 및 성수 풍습을 말해봅시다.

답 유대인들의 안식일 구절은 출애굽기 20장 8~11절의 말씀으로, 그 핵심 중 하나는 일하지 않는 것이다. 유대 랍비들은 과학의 발전으로 나타난 생활 도구가 안식일을 지키는 데 방해가 되는지에 대해 세밀하게 연구하였다. 예를 들면 다음과 같다.

① 냉장고 전구: 냉장고 문을 열면 자동적으로 켜지는 작은 불이 의도하지 않았지만 안식일을 범하게 한다고 하여 안식일에는 냉장고 안의 작은 전구를 빼놓는다.

② 엘리베이터: 호텔의 엘리베이터의 버튼을 누르는 일도 일로 규정하였다. 그래서 안식일에는 엘리베이터가 매 층마다 서도록 만든다.

③ 음식 조리: 안식일에는 불을 피워서는 안 되기에 안식일에 먹을 수 있도록 미리 음식을 준비해 두어야 한다. 음식 조리를 위해 전자레인지도 사용할 수 없다. 그것은 손가락으로 버튼을 눌러야 하는데 그것도 일이 되기 때문이다.

④ 자판: 컴퓨터 자판과 핸드폰 자판 두드리는 것도 일에 해당된다고 규정한다.

⑤ 교통편: 일반적인 교통수단과 함께 항공사도 안식일에는 운행을 중단한다.

3. 나의 주일 성수는 어떻게 하고 있습니까?

답 하나님이 기뻐하시는 주일 성수는 유대인들과 같이 형식적인 모습을 보이는 것이 아닌, 하나님을 위해 일하는 모습이다. 예수님도 안식일에 생명을 위해 일하셨다. 우리 역시 주일에 하나님께 온 힘을 다해 예배드리며, 봉사하고, 교제하며, 전도의 일에 힘써야 할 것이다. 또한 안식일은 우리를 위해 주셨다는 말씀을 기억하며 참 쉼도 누리는 은혜로운 하루를 보내야 할 것이다.

제 11 과

제5계명

요점 성경적 효도관 확립

읽을 성경 출 20:12, 엡 6:1~3

▶ 제5계명이 무엇입니까?

제5계명은 "네 부모를 공경하라. 그리하면 네 하나님 여호와가 네게 준 땅에서 네 생명이 길리라." 하신 것입니다.

▶ 제5계명에서 명하는 것이 무엇입니까?

제5계명에서 명하는 것은 각인에게 속한 자기들의 지위와 인륜 관계, 즉 상하와 평등을 따라 높일 자를 높이고 의무를 다 하라는 것입니다.

▶ 제5계명에서 금하는 것이 무엇입니까?

제5계명에서 금하는 각인에게 속한 자기들의 지위와 인륜 관계에 있어서 각자에게 속한 명예와 의무를 소홀히 하거나 반대되는 일을 하는 것입니다.

▶ 제5계명을 지키라 한 이유는 무엇입니까?

제5계명을 지키라 한 이유는 이 계명을 모든 사람에게 하나님께 영광이 되고 자기 자신들에게 선이 되는 한 장수하고 번영하는 복을 주시겠다고 약속을 하셨기 때문입니다.

눈에 보이는 부모에게 효도하지 못하는 자가 하나님을 사랑한다는 것은 거짓입니다.

1. 제5계명의 내용은 적극적입니다.

① "네 부모를 공경하라."(출 20:12)입니다.

② 지킬 때 장수의 복이 약속되어 있습니다.(엡 6:3)

2. 제5계명이 명(命)하는 것

① 사람이 지켜야 할 떳떳한 도리를 지키라는 것입니다.(인륜 관계의 의무) (엡 6:1, 5)

② 지위(地位)관계의 의무를 다하라는 것입니다.(롬 13:1, 10)

3. 제5계명에서 금(禁)하는 것

① 상하를 분별하지 못하는 것입니다.(마 15:4~9)

② 마땅히 높일 것과 행할 일을 행하지 않는 것입니다.(롬 13:6~7)

4. 제5계명을 지킬 이유

① 하나님께 영광이 되기 때문입니다.(전 12:13)

② 생명이 길고 복을 누리기 때문입니다.(신 5:16)

③ 약속 있는 계명이기 때문입니다.(엡 6:2~3)

요의

부모를 하나님의 대표자로 보기 때문에 부모를 공경하는 의무를 하나님 공경하는 의무와 같이 생각하였다.

① 부모의 뜻 : 웨스트민스터 대요리 문답(124문)에 "부모는 육신의 부모뿐 아

니라 연령과, 은사에 있어서의 모든 윗사람과 특히, 하나님의 규례에 의하여 가정과 교회와 국가를 막론하고 우리 위의 권위의 자리에 있는 자들을 뜻한다."라고 하였다.

② 웨스트민스터 대요리문답 125문, 127문을 반드시 참조할 것

▶ **124문** 제5계명에 있는 부모는 누구를 뜻하는가?

제5계명에 있는 부모는 혈육의 부모뿐 아니라 연령과 은사에 있어서 모든 윗사람과 특히 하나님의 규례에 의하여 가정, 교회, 국가를 막론하고 우리 위에 권위의 자리에 있는 자들을 뜻한다.

▶ **125문** 왜 윗사람들을 부모라 칭해야 하는가?

윗사람들을 부모라 칭함은 육신의 부모같이 아랫사람들에 대한 모든 의무를 가르쳐 인륜 관계에 따라 아랫사람들을 사랑으로 부드럽게 대하게 하고 아랫사람들은 마치 그들 자신의 부모에게 하듯 자기 윗사람들에 대한 의무를 더욱 더 기꺼이 유쾌하게 행하게 하려함이다.

▶ **127문** 아랫사람들이 윗사람들에게 어떻게 존경을 표시해야 할 것인가?

아랫사람들이 윗사람들에게 표시해야 할 존경은 언행심사 간에 모든 합당한 경의와 그들을 위한 기도와 감사, 그들의 덕행을 본받음과 그들의 합법적인 명령과 권고에 즐거이 순종함과 그들의 징계에 당연히 굴복함과 그들의 여러 등급 및 그들의 지위의 성질에 따라 윗사람들의 인물과 권위에 충성하고 옹호하며 지지함과 그들의 연약성을 참고 이를 사랑으로 덮음으로써 그들로 하여금 그들과 그들의 통치에 영예가 되게 함이다.

▶ **128문** 아랫사람들이 윗사람에 대하여 범하는 죄는 무엇인가?

아랫사람들이 윗사람들에게 짓는 죄는 그들에게 요구된 의무를 소홀히 함과 합법적인 권고와 명령과 징계에 거슬리는 것과 그들의 인물과 지위를 시기하고 경멸하고 반역함과 그들과 그들의 다스림에 치욕과 불명예로 판명되는 그런 모든 수치스러운 태도 등이다.

학습문제

1. 제5계명의 내용은 무엇입니까? (출 20:12)

답 네 부모를 공경하라.

2. 제5계명이 명(命)하는 것이 무엇입니까? (2가지 의무)

답 ① 사람이 지켜야 할 도리를 지키라는 것(엡 6:1, 5)

② 지위관계의 의무를 다하라는 것(롬 13:1, 10)

3. 에베소서 6장 1절의 "주 안에서"의 의미를 어떻게 이해합니까?

답 "주 안에서"라는 말은 부모에게 순종하되, 부모이기 때문에 무조건 순종하는 것이 아니라 하나님께 영광을 돌리기 위해 나아가는 발걸음 중 하나이기 때문에 그렇게 한다는 것이다. 그러므로 이는 만일 부모가 하나님의 말씀을 어기게 한다면 그것을 거부할 권리가 자녀에게 있음을 보여준다.

4. 제5계명을 지킬 이유는 무엇입니까?

답 하나님께 영광이 되며(전 12:13), 우리에게는 생명의 복이 되며(신 5:16), 약속 있는 계명이기 때문이다(엡 6:2~3).

토의(자유토론)

1. 부모의 뜻을 구체적으로 말해봅시다. (웨스트민스터 대요리문답 124문, 125문 참조)

답 제5계명의 부모란 혈육 뿐 아니라 연령에 따른 윗사람, 혹은 선생님 나아가 권위와 지위에 있어서 위에 있는 사람까지도 가리킨다.

2. '공경하라' 는 뜻은 무엇이며, 나 자신은 '부모를 공경' 했는지 말해봅시다. (웨스트민스터 대요리문답 127문, 128문 참조)

답 '공경' 이라는 단어는 '무겁게 여기다' , '중요하게 생각하다' , '존중히 여기다' 라는 뜻이다. 그것은 부모를 영예롭게 하며, 마음으로 존경하고, 또한 그 말에 청종하는 것이다. 즉 이것은 마땅히 존경받아야 할 부모의 권위를 인정하는 것으로써, 모든 말과 행동에서 부모님을 존경하며, 부모님을 위해 기도하고, 부모님의 좋은 점들을 따르며, 올바른 권고에 순종해야 할 것이다.(부모님의 말씀에 대들어 부모님의 마음을 아프게 한 적이 있는가 살펴 서로 발표하게 하라)

3. 핵 가족화와 개인주의가 만연한 지금 믿는 자는 어떻게 하여야 더욱 바

른 효를 할 것인가 토의해봅시다.

답 부모님에게 언제나 "감사합니다"와 "사랑합니다"라는 말을 표현한다. 부모님의 건강과 안전을 위해 하나님께 기도한다.

4. 엘리의 아들들, 사무엘의 아들들, 다윗의 아들 압살롬 등을 성경에서 찾아 공통점이 무엇인지 고찰해봅시다.

답 ① 엘리의 아들들 – 행실이 나빠 여호와를 알지 못함(삼상 2:12)

② 사무엘의 아들들 – 이익을 따라 뇌물을 받고 판결을 굽게 함(삼상 8:3)

③ 다윗의 아들 압살롬 – 아버지 다윗의 왕권을 빼앗고자 군사를 일으킴(삼하 15:1~13)

※ 이들은 부모를 공경하지 않고, 하나님을 올바로 섬기지 않았으며, 바른 삶의 자세를 갖지 못했다.

▌제 12 과 ▌

제6계명

요점 성경적 생명관 확립

읽을성경 출 20:13, 창 9:6

▶ **제6계명이 무엇입니까?**
제6계명은 "살인하지 말라." 하신 것입니다.

▶ **제6계명에서 명하는 것이 무엇입니까?**
제6계명에서 명하는 것은 모든 합리적인 노력으로 자신의 생명과 남의 생명을 보존하라는 것입니다.

▶ **제6계명에서 금(禁)하는 것은 무엇입니까?**
제6계명에서 금(禁)하는 것은 불의하게 우리 자신의 생명이나 이웃의 생명을 빼앗거나, 해(害)하는 일들입니다.

생명의 창조자도 하나님이시며, 나의 생명이 소중한 것 이상으로 타인의 생명도, 전 인류의 생명도 소중함을 알 때 구령 열정과 선교열이 높아집니다.

1. 제6계명의 내용

① "살인하지 말라." (출 20:13)

② 사람을 죽이지 말라는 것입니다.(마 5:21)

③ 생명을 천하보다 귀하게 여기는 것입니다.(마 16:26)

2. 제6계명이 명(命)하는 것

① 자기 생명을 보호하라는 것입니다.(엡 5:29~30) 자기 생명뿐만 아니라, 자기의 영혼까지도 보호하여야 합니다.(살전 5:23)
나의 몸은 하나님께 받은 것으로 성령이 거하는 전임을 알고(고전 6:19) 순결하고 거룩하게 지켜야 합니다.

② 남의 생명을 보호하라는 것입니다.(시 82:4) 남의 이름을 손상시키지 말며, 남의 육체를 살해하지 말고(분노, 시기와 질투, 증오), 남의 영혼을 멸망시키지 말아야 합니다.

3. 제6계명에서 금(禁)하는 것

① 자기 생명을 살해하지 말라는 것입니다.(행 16:28)

② 남의 생명을 해하지 말라는 것입니다.(창 9:6)

③ 웨스트민스터 대요리문답 136문에는 금하는 것들을 구체적으로 말하고 있습니다.

④ 악한 일을 하지 말라는 것입니다.(출 21:18~32)

⑤ 악한 생각을 하지 말라는 것입니다.(요일 3:15, 갈 5:15)

※ 인간의 생명은 하나님의 창조의 선물이며, 또 고귀한 하나님의 형상인 것입니다. 생명은 하나님께 속하므로 감히 인간의 자유가 침해할 수 없는 거룩한 영역입니다. 자살이 죄가 됨은 하나님의 전능하심과 그 사랑을 부인하는 결과가 되기 때문입니다. 곧 생명의

주인은 하나님이기 때문입니다.

요의

아퀴나스(T. Acquinas)는 자살은 첫째, 자기 자신을 돌볼 의무에 위반되고, 둘째, 사회에 대한 모욕(侮辱)이며, 셋째, 생사를 주장하시는 하나님의 권능을 강탈하는 것이라고 반대하였다.

학습문제

1. 제6계명의 내용은 무엇입니까? (출 20:13)

   답 살인하지 말라.

2. 마가복음 8장 31, 36절을 읽고 예수님의 생명관을 묵상합시다.

   답 생명을 천하보다 더 소중한 것으로 여김

3. 고린도전서 6장 19절에서는 우리의 몸을 무엇에 비유하고 있습니까?

   답 성령의 전

4. 제6계명에서 금(禁)하는 것 4가지는 무엇입니까?

   답 ① 자기 생명을 살해하지 말라.(행 16:28)
   ② 남의 생명을 해하지 말라.(창 9:6)
   ③ 악한 일을 하지 말라.(출 21:18~32)

④ 악한 생각을 하지 말라.(요일 3:15; 갈 5:15)

5. 자살이 죄가 되는 까닭은 무엇입니까?

답 생명은 하나님의 창조의 선물로, 인간의 자유가 감히 침해할 수 없는 거룩한 영역이다. 따라서 자살은 생명의 주인이신 하나님을 부인하는 것임으로 죄가 된다고 말할 수 있다.

토의(자유토론)

1. 남을 살해하는 데는 어떤 방법들이 있습니까?

답 직접적인 방법과 간접적인 방법이 있다. 예수님은 남의 생명을 해하는 직접적인 방법도 중요시하셨지만, 간접적인 방법인 생명을 해하는 마음과 동기를 더 중요한 문제로 취급하셨다. 따라서 예수님은 형제에게 노하고, 욕하는 것에 대해 심판을 말씀하셨고(마 5:22), 요한일서는 형제를 미워하는 자마다 살인하는 자이며 그 속에 영생이 없다고까지 말하였다(요일 3:15). 살인에 대해 조금 더 깊이 생각할 수 있는 부분은 자살과 낙태 그리고 안락사 문제뿐 아니라 요새 불특정 다수를 향해 자신의 분노를 표현하는 SNS의 폐해 역시 인격을 공격하는 살인이라고 말할 수 있을 것이다.

2. 살인죄를 막는 비결은 어떤 것들이 있습니까?

답 자신과 이웃의 생명을 하나님이 주신 가장 고귀한 것으로 여기며, 그들 속에 있는 하나님의 형상을 존중해야 한다. 이는 우리 죄를 십자가에 못 박으신 그리스도의 은혜를 바라보며, 우리 가운데 사랑과 희락과 화평과 오래 참음, 자비, 양선, 충성, 온유, 절제의 성령 열매를 맺을 때 가능하게 된다.(갈 5:22~24)

3. 살인자(殺人者)에 대한 사형은 정당한가? (성경적으로 말해보자.)

답 성경은 사람의 생명을 해치거나 여러 가지 극악한 악행을 멈추게 하기 위해, 공적으로 범행 사실이 인정된 행악자를 사회로부터 영구히 차단시키는 사형제도를 허락하고 있으며, 개인적인 보복살인은 금지하고 있다. 하지만 공적 절차에 의해 집행된다 하더라도 결코 남용되어서는 안 될 것이다.(창 9:6, 출 21:14)

4. 폐수 방류, 자연훼손, 유해식품 제조, 폭음 등은 살인과 무슨 관계가 있습니까? (예 간섭, 살인죄 문제)

답 직접적으로 사람을 살해하는 경우가 아니지만 불특정 다수의 생명을 심각하게 위협하거나, 간접적으로 죽음에 이르게 하는 많은 경우들이 있다. 그것은 유해식품 제조, 폐수 방류, 자연훼손, 폭음, 인터넷 상에서 악플러들의 무절제한 침해 행위, 그리고 대량살상무기 등이 그러하다. 분명히 성경은 모든 생명은 하나님이 창조하신 것이요 그의 소유이기 때문에 최선을 다해 그 모든 생명을 사랑하고 보존할 것을 가르친다.

제 13 과

제7계명

요점 성경적 순결관 확립

읽을성경 출 20:14, 마 5:28

▶ 제7계명이 무엇입니까?
제7계명은 "간음하지 말라." 하신 것입니다.

▶ 제7계명에서 명(命)하는 것이 무엇입니까 ?
제7계명이 명하는 것은 생각과 말과 행동으로 우리와 이웃의 정조를 보존하라는 것입니다.

▶ 제7계명에서 금(禁)하는 것이 무엇입니까?
제7계명에서 금하는 것은 모든 깨끗지 못한 생각과 말과 행동입니다.

우상 숭배하는 이스라엘을 영적 간음자(하나님께 대한)로 취급합니다. 바른 이성관, 결혼관, 순결관을 일평생 유지하는 것이 거룩한 삶의 기본입니다.

1. 제7계명의 내용

① "간음하지 말라." (출 20:14)

② 가정의 존귀함을 알고 정조(貞操)를 범하지 말라는 것입니다.

2. 제7계명이 명(命)하는 것

① 마음의 정조를 보전하라는 것입니다.(마 5:28) – 몸가짐, 언사(엡 4:29), 조심(정신적)

② 몸의 순결을 지키라는 것입니다.(눅 1:34, 고전 6:18~19) – 결혼 전, 결혼 후에도 조심(육체적)

③ 영적 순결을 보전하라는 것입니다.(신앙적) – 애세(愛世) 주의, 의세(依世) 주의(약 4:4, 딤후 3:1~5), 우상 숭배(렘 3:8~10) 조심

④ 웨스트민스터 대요리문답 138문을 반드시 참조할 것

3. 제7계명이 금(禁)하는 것

① 음욕의 죄를 범하지 말라는 것입니다.(마 5:28) – 부정한 생각

② 말의 죄를 범하지 말라는 것입니다.(엡 5:3, 4, 29) – 부정한 말

③ 불법 결혼을 하지 말라는 것입니다.(마 19:6, 잠 19:14) – 부정한 행동

④ 함부로 이혼하지 말라는 것입니다.(마 19:6, 9, 눅 17:2, 마 5:32) – 부정한 행동

⑤ 문란한 결합을 금하는 것입니다. – 일부다처(창 2:21~25), 근친상간(혼)(레 18:6~23, 고전 5:1~2), 동성애(창 19:5)

⑥ 웨스트민스터 대요리문답 139문을 반드시 참조할 것.

4. 이 계명은 음욕을 불러일으키듯 하여 간음의 죄에 접근하는 모든 종류의 것들을 금하고 있습니다. 이 계명의 진정한 뜻은 "너희는 이웃의 순결을 어떠한 방법으로든지 손상시키지 말며 부정(不定)한 길로 유혹하

지 말라."는 것입니다. 특별히 젊은이들은(중. 고등. 청년) 이 계명을 마음속 깊이 명심해야 합니다.

학습문제

1. "간음"이란 뜻을 국어사전에서 찾아 봅시다. 그리고 성경에서 찾아봅시다. (레 20:10~20, 잠 6:32, 렘 29:23)

   답 간음의 정의: "부정한 성관계를 함. 주로 배우자 이외의 사람과의 성관계 따위를 이른다"(표준국어대사전).

   ① 레 20:10-20 – 남의 아내와 간음하는 자는 그 간부와 음부 모두를 죽여라.

   ② 잠 6:32 – 여인과 간음하는 자는 무지한 자며, 자기의 영혼을 망하게 하는 것이다.

   ③ 렘 29:23 – 이웃 아내와의 간음

   ※ 보다 넓은 의미에서 간음은 하나님께서 허락하신 합법적인 질서(결혼관계) 밖에서 행해지는 모든 불법적인 성행위를 가리킨다고 볼 수 있다. 예수님은 심지어 실제적인 행위뿐만 아니라 마음의 상태까지도 '간음'으로 규정하신다.(마 5:28)

2. 제7계명의 내용은 무엇일까요? (출 20:14)

   답 간음하지 말라.

3. 마태복음 5장 28절의 음욕을 '품는' 것과 아름다움을 보고 '아름답다'는 것의 차이는 무엇일까 묵상해봅시다.

답 아름다움을 보고 '아름답다' 고 말하는 것은 아름다움을 감상하는 순수한 마음을 표현하는 것이나, 음욕을 '품는' 것은 성적인 욕망에 사로잡혀 그 상황을 마음속으로 상상하는 내적 상태를 가리킨다. 예수님은 이것까지도 간음이라고 규정하셨다.

4. 제7계명이 금(禁)하는 것을 크게 3가지로 말한다면 무엇입니까?

답 ① 부정한 생각(마 5:28) – 음욕을 품고 여자를 보는 자마다 마음에 이미 간음한 것이다.

② 부정한 말(엡 5:3, 4, 29) – 음행과 온갖 더러운 것과 탐욕은 그 이름조차도 부르지 말라.

③ 부정한 행동(마 19:6, 눅 17:2) – 하나님이 짝지어 주신 것을 사람이 나누지 못한다.

토의(자유토론)

1. '간음' 이 가져오는 해로움은 무엇입니까?

답 간음은 개인적으로 행하는 죄악이지만 그 영향은 절대적이다. 즉 타인과 가정, 사회와 국가를 파괴한다. 또한 신앙생활에 절대적 영향을 끼쳐, 성도의 성결한 삶과 하나님을 향한 거룩한 섬김을 방해하며 결국 하나님을 떠나게 한다.

2. 순결을 지키는 방법은 무엇일까요? (음욕을 이기는 비결)

답 우리가 눈으로 자주 볼 때 마음이 움직이고, 그 마음이 행동으로 나타난다. 우리는 시각적인 문화에 살고 있다. 우리는 노골적인 성적 표현들을 너무 쉽게 접할 수 있다. SNS와 인터넷 그리고 영화에 노출된 음란물은 우리 생각을 지배하여, 그 생각에 몰입하게 하고, 나아가 음란한 행위에 빠지게 한다. 예수님은 "네 오른 눈이 너로 실족하게 하거든 빼어 내버리라" (마 5:29)고 하셨다. 우리 역시 자기를 죽이는 연습을 해야 한다. 바로 육신의 정욕을 죽이고, 십자가를 메고 따라야 한다. 그러한 상황을 멀리하며(롬 13:13), 주님께 땅의 지체를 죽일 수 있도록 간구해야 한다(골 3:5).

3. 결혼이 금지되어 있는 인척 촌수를 말해봅시다. (레 18:6~18)

답 혈족과 인척 3촌(아버지, 어머니, 자매, 손녀, 외손녀, 누이, 고모, 이모, 숙모, 며느리, 형제의 아내).

4. 동성연애의 부당성을 말해봅시다. (창 19:5)

답 우리 사회에서는 동성애를 인권으로 연결하여 기독교를 성적소수자들의 행복을 부정하는 편협한 종교로 매도하고 있다. 하지만 성경은 분명히 동성애를 죄로 규정하여 금하고 있다.(레 18:22) 동성애는 분명 하나님의 창조질서에 반하는 행위이기 때문에 이는 결코 용납될 수 없다. 우리는 그들로 하여금 죄 된 상태를 회개하고 회복하여 정상적인 사회생활을 할 수 있도록 도와야 할 것이다.

제 14 과

제8계명

요점 성경적 물질관 확립

읽을성경 출 20:15, 엡 4:28

▶ **제8계명이 무엇입니까?**
제8계명은 "도둑질하지 말라." 하신 것입니다.

▶ **제8계명에서 명(命)하는 것이 무엇입니까?**
제8계명에서 명하는 것은 합리한 법대로 우리와 남의 재물과 산업을 얻고 또 증진하게 하라 하는 것입니다.

▶ **제8계명에서 금하는 것이 무엇입니까?**
제8계명에서 금하는 것은 우리와 남의 재물과 산업을 불의하게 방해하거나 혹 방해될 만한 일입니다.

우주는 하나님이 건설하셨고(시 89:11), 하나님의 것이며(대상 29:11), 사유재산권도 인정하셨습니다.(행 17:26)

1. 제8계명의 내용

① "도둑질하지 말라."(출 20:15)

② 개인 재산의 권리를 보존하라는 것입니다.

③ 이웃의 재산권을 침해하지 말라는 것입니다.

2. 제8계명에서 명(命)하는 것

① 합법적인 방법으로 재산을 얻으라는 것입니다.(신 25:13~15, 잠 23:21) – 성경말씀을 좇아하는 것이 합법적이요, 정당한 것이요, 선한 것입니다.

② 범사에 부지런하라는 것입니다.(잠 20:4, 살후 3:10) – 자기가 맡은 일에 최선을 다하고 게으르지 않아야 합니다. 빈부귀천 구분 없이 해야 하는 것이 노동입니다. 노동은 하나님이 인간에게 주신 천직이요, 명령입니다.

③ 선하게 사용하며 남용하지 말라는 것입니다.(신 14:22~29, 레 25:35) – 먼저 하나님의 것(십일조)과 범사에 감사하면서(감사헌금) 사는 것이요, 남용(눅 15:11~32)하지 말아야 합니다.

④ 재물과 산업을 증진케 하라는 것입니다.(요삼 1:2) – 먼저 영혼이 잘되어야 하고, 재물을 사랑치 말고(딤전 6:10), 성실하므로 전심전력하여 우리의 진보를 모든 사람에게 나타내어야 합니다.(딤전 4:15, 마 25:14~30)

3. 제8계명에서 금(禁)하는 것

① 불의하게 얻지 말라는 것입니다.(잠 21:6) – 속이는 말로 재물을 모으는 것이나, 도적질하여 모으는 것 등의 옳지 못한 행위로 얻는 것입니다.(겔 22:29)

② 이웃의 재물을 방해하지 말라는 것입니다.(약 5:4) – 품꾼에게 주

지 아니한 삯이나, 이런 일들을 통해 속히 부(富)하고자 하는 자들은(잠 28:20) 이웃의 재물을 방해하는 것입니다.

③ 하나님의 것을 도둑질하지 말라는 것입니다.(말 3:9) – 하나님의 것을 절대 도둑질하면 안 됩니다.(말 3:8) "하나님의 것은 하나님께 바쳐야 합니다."(마 22:21)

④ 웨스트민스터 대요리문답 142문을 꼭 참조할 것

학습문제

1. 제8계명의 내용은 무엇입니까? (출 20:15)

답 도둑질하지 말라.

2. 제8계명에서 명(命)하는 것은 무엇입니까?

답 합리적인 방법으로 재산을 얻으며, 범사에 부지런하고, 선하게 사용하며, 재물과 산업을 늘려가라는 것이다.

3. 마태복음 25장 14~30절를 읽으십시오. 그리고 25장 24~30절의 무익한 종은 사유재산의 관리를 바르게 못한 것을 나의 직분과(교회, 직장) 연관해서 묵상해봅시다.

답 우리가 가진 모든 것은 하나님의 소유이다.(시 24:1) 우리는 다만 청지기로서 하나님께서 맡겨주신 모든 것을 관리할 뿐이다. 그러므로 우리는 충성되게(고전 4:2) 자기에게 맡겨 주신 모든 것에 만족하며 열심을 다해 일하여야 할 것이다. 이것이 하나님을 온전히 기쁘시게 하는 일이다.

4. 노름, 고리대금, 탈세 등이 제8계명과 어떻게 연관되어 있는지 생각해 봅시다.

답 사행심을 조장하고 인간의 치명적인 이기심을 드러내는 '노름'과 가난한 자들에게 높은 이자로 돈을 빌려주어 과다하게 갚게함으로 경제적 약자를 핍박하는 '고리대금' 그리고 부정하게 세금을 전부 혹은 일부를 내지 않는 '탈세', 이 모두는 불의하게 재물을 얻는 행위들이다. 제8계명은 재물을 불의하게 얻지 말라고 명한다.(잠 21:6, 겔 22:29) 우리는 하나님께서 각 사람에게 허락하시고 분배해 주신 재물의 성격을 이해하며, 탐욕을 버리고, 언제나 현재 가지고 있는 물질에 만족하며, 우리는 단지 하나님이 맡겨주신 것을 잘 관리하는 청지기라는 사실을 기억해야 할 것이다.

토의(자유토론)

1. 도둑질하는 원인을 말해봅시다.(성경적으로)

답 그것은 돈을 사랑하며 자족하는 마음이 없기 때문이다.(히 13:5) 바울은 돈을 사랑함이 일만 악의 뿌리라고 말한다.(딤전 6:10) 우리는 하나님께서 언제든지 그 풍성한 대로 모든 쓸 것을 채우신다는 믿음을 가져야 할 것이다.(빌 4:19)

2. 십일조에 대해서 말해봅시다.

답 십일조란 모든 소유와 생산의 1/10, 곧 수입의 십분의 일을 하나님께 드리는 헌금으로, 아브라함이 멜기세덱에게 바친 십일조가 기원이다.(창 14:20) 여기서 1/10은 10/10을 대표한다. 즉, 십일조는 모든 것이 하나님으로부터 왔음을 인정하고, 만물이 하나님의 소유요, 그래서 모든 인생은 오로지 하나님의 은혜로만 살아갈 수밖에 없음을 고백하는 것이다.(고후 9:6~7) 성경은 십일조를 드리지 않는 것을 하나님의 것을 절도하는 도둑질 행위로 간주하였다.(레 27:31, 신 26:13~15, 말 3:8~9)

3. 초대교회의 물질관을 말해봅시다. (행 2:44~46)

답 초대교회 교인들은 자신의 소유를 주장하지 않고 모든 물질이 하나님께로부터 왔음을 고백하며, 서로 한마음이 되어 필요에 따라 나누어 쓰는 청지기적 물질관을 가지고 있다.

제 15 과

제9계명

요절 성경적 진실관 확립

읽을성경 출 20:16, 신 5:20

▶ 제9계명이 무엇입니까?

제9계명은 "네 이웃에 대하여 거짓 증거하지 말라." 하신 것입니다.

▶ 제9계명에서 명(命)하는 것이 무엇입니까?

제9계명에서 명하는 것은 특히, 증거할 때에 피차 진실함과 또 우리와 이웃의 명예를 보존하며 증진하게 하라는 것입니다.

▶ 제9계명에서 금(禁)하는 것이 무엇입니까?

제9계명이 금하는 것은 무엇이든지 진실함에 해가 되는 일이나 혹은 이웃의 명예를 상하게 하는 것입니다.

하나님은 진리이시고 신실하십니다. 거짓은 사탄의 전유물입니다. 하나님은 우리의 진실함을 원하십니다.(혀, 마음, 생활 전반)

1. 제9계명의 내용

① "네 이웃에 대하여 거짓 증거하지 말라."(출 20:16)

② 인간 생활에서 진실을 지키도록 규정한 계명입니다.(잠 19:9)

③ 진실하신 하나님은 우리들 상호 간에 이웃에게 진실을 말하는 것을 요구하시는 계명입니다.(잠 12:22)

2. 제9계명에서 명(命)하는 것

① 피차간에 진실하라는 것입니다.(잠 14:5, 25) – 가정에서, 사회 생활에서, 정치에서, 사업에서, 신앙생활에서 진실하라는 것입니다. 특히 진실한 증인은 사람의 생명을 구원합니다.(잠 14:25)

② 피차간에 명예를 보존하라는 것입니다.(슥 8:16) – "겸손한 마음으로 각각 자기보다 남을 낫게 여기고 각각 자기 일을 돌볼뿐더러 또한 각각 다른 사람들의 일을 돌보아 나의 기쁨을 충만하게 하라."(빌 2:3~4)는 것이요, 형제를 사랑하여 서로 우애하고 존경하기를 서로 먼저 하는(롬 12:10) 것입니다.

③ 피차간에 명예를 증진시키라는 것입니다.(잠 22:1) – "끝으로… 무엇에든지 참되며 무엇에든지 경건하며 무엇에든지 옳으며 무엇에든지 정결하며 무엇에든지 사랑받을 만하며 무엇에든지 칭찬받을 만하며……."(빌 4:8) 증진은 거짓을 버릴 때 가능합니다.(마 12:35~37)

④ 웨스트민스터 대요리문답 144문을 반드시 참조할 것

3. 제9계명에서 금(禁)하는 것

① 진실함에 해 되는 것을 하지 말라는 것입니다.(잠 19:5) – 아첨하는 것이나 불공평한 판결이나, 맹세와 계약을 위반하는 것이나, 위장위조, 위조지폐, 과장, 중상, 모략, 비방, 험담하는 것 등입니다.

② 피차간에 명예를 훼손하지 말라는 것입니다.(시 15:3) – 이웃에게 악의로 평론하지 말라는 뜻입니다.(출 23:1~2) 악평으로 남의 명예를 손상시켜 신용을 추락시키거나 사회적으로 그 사람을 매장하는 것은 그 혀에 독을 품고 있는 것과 같습니다. 악평하는 것은 혀로 짓는 살인죄요, 피차 멸망입니다.

③ 웨스트민스터 대요리문답 145문을 반드시 참조할 것

학습문제

1. 제9계명의 내용은 무엇입니까? (출 20:16)

답 네 이웃에 대하여 거짓 증거하지 말라.

2. 창세기 3장 4, 5절의 뱀의 모양으로 나타난 사탄의 말이 왜 거짓말인지 찾아봅시다. (창 2:17)

답 하나님은 분명 선악을 알게 하는 나무 열매는 먹지 말라고 명하셨고, 먹는 날에는 반드시 죽을 것이라고 말씀하셨다.(창 2:17) 하지만 사탄은 하나님의 명령을 부정하여 오히려 열매를 먹어도 결코 죽지 아니할 것이라고 여자를 안심시켰다. 하지만 여자와 아담은 이 열매를 먹고 하나님의 명령을 범하게 되었고, 결국 죽음을 맞게 되었다. 사탄은 여자로 하여금 하나님의 명령을 의심하고 욕심에 눈이 멀어 결국 범죄하게 만들 의도로 거짓말을 했던 것이다.

3. 제9계명에서 금(禁)하는 것은 무엇입니까? (잠 19:5, 시 15:3)

답 이웃을 해하려는 의도로 거짓말하는 것.

토의(자유토론)

1. 제9계명을 지키기 위하여 노력할 점을 말해봅시다. (약 3:3, 16, 잠 31:8, 시 15:2, 잠 14:25). 거짓말, 거짓 행동으로 겪었던 고충이나 지금 고민이 있으면 해결합시다. 하나님과 사람 앞에서.

답 ① 말을 조심하며, 시기와 다툼을 하지 않음(약 3:3, 16)
② 연약한 자를 도움(잠 31:8)
③ 정직하게 행하며, 공의를 실천하고, 진실을 말함(시 15:2)
④ 진실한 증인이 됨(잠 14:25)

2. 거짓 증거의 실례를 성경에서 찾아 봅시다. (왕상 21장)

답 왕 아합은 자신의 왕궁 곁에 있던 나봇의 포도원을 갖기를 원했지만 나봇은 이를 거절한다. 포도원을 갖기 원하는 아합에게 그의 아내 이세벨은 거짓 증인 둘을 세워 나봇이 하나님과 왕을 저주했다고 증언하여 그를 돌로 쳐죽였다. 왕 아합은 포도원을 차지하게 되었지만 하나님은 선지자 엘리야를 보내어 아합과 이세벨의 죽음을 명하셨다.

3. 거짓에 대한 우리나라 속담이나 격언을 말해봅시다.

(예 거짓말은 발이 없다. 이솝 우화 "늑대 출현 이야기")

답 ① 거짓말은 새끼를 친다: 습관적으로 남을 속이는 사람은 언젠가 사기도 거침없이 치게 된다.

② 거짓말은 십리를 못간다: 일시적으로 사람을 속일 수는 있지만 오랫동안 속이지는 못한다.

③ 거짓말하고 뺨맞는 것보다 낫다: 무안하더라도 사실은 사실대로 말해야 한다.

④ 눈 가리고 아웅한다: 얕은 꾀를 써서 속이려고 한다.

⑤ 입술에 침이나 바르고 말해라: 거짓말을 공공연히 할 때 하는 말

⑥ 입은 비뚤어져도 말은 바로 해라: 말은 언제나 바르게 하라는 말

제 16 과

제10계명

요절 성경적 자족관 확립

읽을 성경 출 20:17, 히 13:5

▶ **제10계명이 무엇입니까?**
제10계명은 "네 이웃의 집을 탐내지 말라. 네 이웃의 아내나 그의 남종이나 그의 여종이나 그의 소나 그의 나귀나 무릇 네 이웃의 소유를 탐내지 말라." 하신 것입니다.

▶ **제10계명에서 명하는 것은 무엇입니까?**
제10계명에서 명(命)하는 것은 우리 처지를 만족히 여기며 이웃과 그 있는 모든 것에 대하여 의롭고 사랑하는 마음을 품으라는 것입니다.

▶ **제10계명에서 금(禁)하는 것이 무엇입니까?**
제10계명에서 금하는 것은 우리의 처지를 부족하게 여기거나 이웃의 행복을 시기하거나 이웃에 있는 모든 물건에 대한 불의한 행동과 감정입니다.

현재를 만족할 줄 아는 자가 감사하는 자이며, 과다한 욕심은 패망과 패륜(박한상의 살인)을 낳고 사망이라는 출산을 합니다.

1. 제10계명의 내용

① "네 이웃의 집을 탐내지 말라." (출 20:17)

② 우리 마음속에서 분수처럼 솟아나는 탐욕을 금지한 것입니다.

③ 일마다 만족한 심정으로 살아가라는 것입니다.

2. 제10계명에서 명(命)하는 것

① 자기 처지를 만족히 여기라는 것입니다.(히 13:5) – 자족하는 자는 자기의 생활에 열중하므로 탐심을 모릅니다. 만족은 자기를 바로 알 때에 가집니다.(고전 4:7) 바울은 자족하기를 배워 만족히 여겼습니다.(빌 4:11~13) 자족하는 마음은 경건함에 큰 이익이 됩니다.(딤전 6:6~8)

② 이웃을 사랑하는 마음을 품으라는 것입니다.(빌 2:4, 롬 12:15) – "각각 자기 일을 돌볼뿐더러 또한 각각 다른 사람들의 일을 돌보아 나의 기쁨을 충만하게 하라."는 것이요. "즐거워하는 자들과 함께 즐거워하고 우는 자들과 함께 우는" 것입니다. 그리고 자기 중심으로 생각지 않고 그것이 이웃에게 어떤 영향을 줄 것인지 생각하고 내 집, 내 것만 위하는 편협한 생각을 버리고 이웃이 잘 됨으로 내게도 유익함을 아는 것입니다.

3. 제10계명이 금(禁)하는 것

① 우리의 처지를 불만하지 말라는 것입니다.(고전 10:10) – 사람의 마음은 사막과 불과 같아서 족히 여기지 않습니다.(전 1:8)
아합의 불만(왕상 21:1~4), 하만의 불만(에 5:13), 이스라엘 백성의 불만(고전 10:10), 그래서 타인을 해치고 자기를 망칩니다.

② 이웃의 행복을 시기하지 말라는 것입니다.(갈 5:26, 약 3:14~16)

③ 이웃의 물건에 대한 부당한 행동과 감정을 버리라는 것입니다.(골 3:5) – 타락한 인간은 자신의 처지에 만족치 않고 제 울타리를 넘어 탐심을 품게 됩니다. 탐심은 죄의 근본입니다. 행동과 생각을 함께 합니다. 개별적으로 지적하고 있습니다. 이웃의 집, 아내, 남종, 여종, 가축, 기타 모든 것에 대한 부당한 행동과 감정을 금하고 있습니다.

학습문제

1. 제10계명의 내용이 무엇입니까? (출 20:17)

답 네 이웃의 집이나 아내나 노비나 소나 나귀나 네 이웃에게 있는 소유를 탐내지 말라.

2. 제10계명에서 명(命)하는 것이 무엇입니까? (히 13:5, 빌 2:4)

답 ① 자족하라.(히 13:5)
② 이웃을 사랑하라.(빌 2:4)

3. 제10계명에서 금(禁)하는 것이 무엇입니까?
(고전 10:10, 갈 5:26, 골 3:5)

답 ① 원망하지 마라.(고전 10:10)
② 이웃의 행복을 시기하지 마라.(갈 5:26)
③ 이웃 물건에 대한 부당한 감정, 탐심을 버리라.(골 3:5)

4. 자신의 처지를 불만스럽게 여겼던 자들의 최후는 어떻게 되었습니까? (왕상 21:1~4, 에 5:13, 고전 10:10)

답 ① 왕상 21:1~4 – 모든 것을 가진 왕 아합은 나봇의 포도원을 탐내어 그를 죽였으나 하나님이 그에게 심판을 선언하심

② 에 5:13 – 하만은 모든 사람들이 자신에게 절하나 오직 모르드개만이 자신에게 절하지 않는 것을 분하게 여겨 그를 죽이려 하였으나 오히려 자신의 꾀에 죽임을 당함

③ 고전 10:10 – 이스라엘 백성들 중 어떤 사람들은 광야에서 원망하다 죽임 당하였음

5. 마태복음 22장 37~39절을 읽으십시오. 십계명의 대 강령을 찾아봅시다.

답 첫째, 네 마음을 다하고 목숨을 다하고 뜻을 다하여 주 너의 하나님을 사랑하라.

둘째, 네 이웃을 네 자신 같이 사랑하라.

토의(자유토론)

1. 탐심은 어떤 죄와 같습니까? (골 3:5)

답 우상 숭배와 같다.

2. 성도가 자족해야 할 이유가 무엇입니까? (욥 1:21)

답 우리에게 주신 분도 하나님이시오, 이를 거두시는 분도 하나님이시기 때문이다.

3. 욕심의 허무함을 예수님은 어떻게 가르치셨습니까?
(막 8:36, 눅 12:15, 33)

답 ① "사람이 만일 온 천하를 얻고도 자기 목숨을 잃으면 무엇이 유익하리요"(막 8:36).

② "삼가 모든 탐심을 물리치라 사람의 생명이 그 소유의 넉넉한 데 있지 아니하니라"(눅 12:15).

③ "너희 소유를 팔아 구제하여 낡아지지 아니하는 배낭을 만들라 곧 하늘에 둔 바 다함이 없는 보물이니 거기는 도둑도 가까이 하는 일이 없고 좀도 먹는 일이 없느니라"(눅 12:33).

4 신앙의 진수

제 1 과

계명을 온전히 못 지키는 인간

요절 의인은 없다.

읽을성경 전 7:20, 약 3:2

▶ 아무 사람이나 능히 하나님의 계명을 완전히 지킬 수 있습니까?
타락한 후로 사람의 능력으로는 금생에서 하나님의 계명을 완전히 지킬 수 없고, 날마다 생각과 말과 행동으로 범합니다.

▶ 법을 범한 모든 죄가 다 같이 악합니까?
어떠한 죄는 그 본질과 여러 가지 얽힌 끝이 있으므로 하나님 앞에서 다른 죄보다 더 악함이 있습니다.

아담의 타락 이후 그의 후손인 전 인류는 전적 타락과 부패로 아무도 스스로의 힘으로는 구원받지 못할 불안전한 인간이 되었습니다.(전적 무능)

1. 모든 인간은 계명을 완전히 지킬 수 없습니다.

① 모든 인간은 타락했습니다.(창 3:6, 전 7:29)

② 모든 인간은 죄인입니다.(왕상 8:46)

③ 모든 인간은 구원에 이르는 영적 선을 행할 능력을 전적으로 잃어

버렸습니다.(롬 5:6, 8:7, 요 15:5) – 「전적 무능력」

④ 모든 인간은 자기의 힘으로 회개하든지 또는 회개에는 준비를 할 수 없습니다.(요 6:44, 65, 엡 1:2~5, 고전 2:14)

2. 아무 사람이나 날마다 계명을 범합니다.

① 생각이 악합니다.(창 8:21, 잠 23:6, 7)

② 혀가 악합니다.(약 3:8, 마 12:34)

③ 행위가 악하고 실수가 많습니다.(약 3:2, 롬 3:15~18, 롬 8:8)

3. 선을 행하고 죄를 범치 아니하는 의인은 세상에 한 사람도 없습니다.(전 7:20, 롬 3:10)

4. 죄란 무엇이며 그 종류는?

① 죄란 하나님의 법을 어기는 것입니다.(요일 3:4)

② 죄란 모든 불의한 것입니다.(요일 5:17)

③ 죄란 선을 알고도 행치 않는 것입니다.(약 4:17)

④ 죄란 범사에 믿음으로 하지 않는 것입니다.(롬 14:23)

⑤ 죄의 종류에는 ㉠ 법률상의 죄 ㉡ 도덕상의 죄 ㉢ 양심상의 죄 ㉣ 종교상의 죄가 있습니다.

5. 본질적으로 더 악한 죄가 있습니다.

① 하나님 보시기에 다른 죄보다 더 흉악한 죄입니다.

② 성령을 훼방하는 죄입니다.(마 12:31, 32)

㉠ 전도해도 평생 믿지 않는 죄

㉡ 성령의 하시는 이적과 기사와 권능을 사탄의 일이라고 훼방하는 죄(예수님의 이적 기사를 바알세불의 힘을 입어 한다는 바리새인들, 유대인) (마 12:24, 31, 32)

③ 고범죄입니다.(시 19:13, 요 19:11, 레 24:16, 민 15:30~31, 히 10:26)

㉠ 고의적 범죄(민 15:30): 하나님에 대한 계속적 도전

㉡ 습관적 범죄(히 6:4)

㉢ 회개케 할 수 없는 죄(히 6:6)

㉣ 의식적 죄는 모두 고범죄는 아닙니다. 중생한 사람의 의식적 죄는 영적 힘이 약하여 짓습니다.(약범죄) (롬 7:15-25)

학습문제

1. 모든 인간이 온전히 계명을 지킬 수 없는 이유는 무엇입니까?
(롬 3:10과 3:20으로 연구해봅시다.)

답 모든 사람이 죄를 범하였기 때문이다(롬 3:23). 죄는 언제나 하나님의 율법을 범하게 한다. 따라서 의인은 한명도 없다고 말할 수 있다(롬 3:10). 율법이 죄를 깨닫게 하는 기능을 갖고 있음으로, 이 율법을 행함으로 하나님 앞에서 의롭다 하심을 얻을 수 있는 사람은 없다(롬 3:20).

2. 시편 53장 2, 3절을 읽어 보십시오. 하나님 앞에서는 지각과 하나님을 찾는 자가 없다는 것은 사람이 날마다 계명을 범하는 이유, 곧 모든 인류의 모습입니까?

답 그렇다. 죄를 범한 인간은 하나님을 깨닫지도 못하며, 찾지도 않는다.

3. 서로 관계된 것끼리 연결하십시오.

답

① 요일 3:4	㉠ 믿음으로 하지 않는 것
② 요일 5:17	㉡ 알고도 행치 않는 것
③ 약 4:17	㉢ 불의한 것
④ 롬 14:23	㉣ 법을 어기는 것

토의(자유토론)

1. 성령 훼방죄는 택함 받은 하나님의 백성이 지을 수 있는 죄일까요? 토의해봅시다. (요 6:37, 39)

답 아니다. 성령 훼방죄는 다른 말로, '회개로 새롭게 될 수 없는 죄' (히 6:4~6), '용서받을 수 없는 죄' (요일 5:16)와 동일하게 사용된다. 이는 구원받은 '성도의 죄' 와 '불신자의 죄' 와 '고의적인 죄' 와는 달리 '성령을 대상으로 지은 죄' 로써, 성령 하나님이나 그의 사역을 방해하는 말이나 행동을 가리킨다.

제 2 과

진노와 저주에서 해방되자

요점 죄와 보응

읽을성경 갈 3:10, 롬 1:18

▶ 범한 죄마다 마땅히 받을 보응이 무엇입니까?
범한 죄마다 받을 보응은 이 세상과 오는 세상에서 하나님의 진노와 저주입니다.

▶ 우리가 죄를 인하여 하나님께 받을 진노의 저주를 피하게 하려고 하나님이 우리에게 요구하시는 것이 무엇입니까?
예수 그리스도를 믿는 것과 생명에 이르는 회개와 그리스도가 우리에게 구속의 유익을 전하며 나타내신 여러 가지 방법을 힘써 사용하라는 것입니다.

구원받은 후에 죄를 범하여 매를 맞는 것은 징계이며(히 12:5~8) 불신자들은 금생과 내세에 형벌(멸망)로 나타납니다.

1. 범한 죄마다 마땅히 보응을 받습니다.(불신자 중심)

① 심는 대로 거두는 원리입니다.(갈 6:6~8)

② 죄의 삯은 사망입니다.(롬 6:23)

③ 공의로우신 하나님이십니다.(벧전 2:23)

④ 사람의 심장과 모든 행사를 감찰하심으로 제외될 수 없습니

다.(렘 11:20, 시 33:15)

2. 금생과 내세에서 보응이 있습니다.

① 금생에서 받는 보응(갈 3:10)

㉠ 이생을 사는 동안 닥쳐오는 것

㉡ 외국의 침략(수 7:4, 5), 사망(롬 2:6~8), 기근, 질고, 혼란(창 3:17~23)

㉢ 육신적인 것(창 3:14~19)

② 내세에서 받는 보응(마 25:41, 계 20:10)

㉠ 죽은 후에 심판대에서 받는 것

㉡ 영영할 불에 던져지는 것(계 21:8) …… 영원한 죽음

㉢ 영적인 것(하나님과 영원히 단절)

3. 죄에 대한 보응은 하나님의 진노와 저주입니다.(롬 1:18)

① 이스라엘 백성이 받았습니다.(사 1:2~17) – 「민족」

② 엘리 제사장의 가정이 받았습니다.(삼상 1:12~22) – 「가정」

③ 아담과 하와가 받았습니다.(창 3:16~19) – 「개인」, 「인류」

4. 하나님의 진노와 저주를 피할 수 있도록 하신 하나님

① 하나님은 사랑이십니다.(요일 4:9~11)

② 하나님께서는 축복 주시기를 더 원하십니다.(신 1:11, 렘 31:23)

③ 예수 그리스도 외에는 구원도 없고, 피할 길도 없습니다.(행 4:12)

5. 하나님께서 우리에게 요구하시는 것(피할 방법)

① 예수 그리스도를 믿을 것(행 16:31, 20:21, 요 3:16)

㉠ 믿음은 하나님의 은혜입니다.(엡 2:8)

㉡ 죄와 사망 가운데서 건져주시고 살려주신 분임을 믿는 것입니다.(히 5:1, 고전 6:19~20, 막 10:45, 롬 10:9)

㉢ 길이요 진리요 생명임을 믿는 것입니다.(요 14:6)

② 생명에 이르는 회개를 할 것(막 1:15)

㉠ 성령의 도우심으로 회개합니다.(슥 12:10)

㉡ 그리스도 안에서 하나님의 긍휼과 자비를 깨닫는 것입니다.(요엘 2:13)

㉢ 죄를 알고(지적 요소), 죄를 원통히 여기고(감정적 요소), 결심과 순종을 하는 것입니다.(의지적 요소) (눅 15:17~20, 행 2:37~38)

③ 표현적 방법을 힘써 사용하는 것입니다.(마 28:19~20)

㉠ 세례를 주는 일

㉡ 말씀을 가르치는 일과 지키게 하는 일

학습문제

1. "죄의 삯은 사망이요 하나님의 은사는 그리스도 예수 우리 주 안에 있는 영생이니라."에서 예수님과 영생의 관계를 말해봅시다.(요 3:16, 롬 6:23)

답 예수님은 영생의 필수조건이다. 영생은 하나님의 독생자이신 예수 그리스도를 믿음을 때에 얻을 수 있기 때문이다.

2. 가장 비참한 죄의 보응은 무엇입니까? (계 20:10)

답 내세, 곧 죽음 후에 받는 영원한 형벌이다.

3. 하나님께서 우리에게 요구하시는 것은 각각 무엇이며 나는 실천하고 있는지 살펴 봅시다. (막 1:15, 엡 2:8, 마 28:19, 20)

답 ① 회개하고 복음을 믿으라.(막 1:15)

② 예수 그리스도를 믿어라.(엡 2:8)

③ 복음을 증거하고 가르치는 제자의 삶을 살아라.(마 28:19, 20)

토의(자유토론)

1. 성경에 나타난 회개의 개념을 말해봅시다. (탕자의 비유를 중심으로, 눅 15:11~32)

답 회개란 자신의 비참한 죄를 깨닫고 옛 생활, 즉 죄로부터 완전히 돌이켜 오직 하나님께로 나아가는 새로운 삶이다.

2. 죄 용서 받은 체험을 나눠봅시다.

답 우리가 하나님께 죄를 고백하고, 그분께 나아감으로 얻게 되는 죄 용서는 우리의 마음을 새롭게 하며, 사건과 환경과 사람을 보는 새로운 시각을 제공한다. 죄 용서함 받음으로 이전과 달라진 삶이 있다면 나누어 보자.

제 3 과

구원의 유익을 위한 외적 방법

요절 은혜의 수단

읽을성경 딤후 3:16~17, 마 28:19

▶ 그리스도께서 우리에게 구원의 유익을 전하시려고 나타내시는 보통 방법이 무엇입니까?
그리스도께서 우리에게 구원의 유익을 전하시려고 나타내시는 방법은 그의 규례인데 특별히 하나님의 말씀과 성례와 기도입니다. 이것이 모두 그 택하신 자에게 효력이 되어 구원을 얻게 합니다.

세례와 성찬(성례)은 우리의 믿음을 강화하는 은혜의 영적 방법입니다. 물론 말씀과 기도없이 주님의 은혜를 깨달을 수 없습니다.

1. 구원의 유익을 전하는 방법의 종류에는 크게 두 부분으로 나눕니다.
   ① 내적 방법 – ㉠ 예수 그리스도를 믿는 것
   ㉡ 생명에 이르는 회개
   ② 외적 방법 – ㉠ 하나님의 말씀
   ㉡ 성례(세례와 성찬)
   ㉢ 기도

요의

외적 방법은 예수님께서 제정하신 규례로(마 28:19~29, 행 2:42) 성도는 누구나 그 방법들을 실행해야 한다.(여기서는 외적 방법을 공부하게 된다.)

2. 하나님의 말씀(딤후 3:16~17, 요 5:39) — 성경

① 하나님의 감동으로 된 책(계시의 책)

② 성경은 구원에 이르는 지혜를 주는 책

③ 성경은 신앙과 행위의 표준이 되고 영의 눈을 뜨게 합니다.(시 19:7, 8)

3. 성례(마 26:19~29, 요 6:55) — 세례와 성찬

① 세례의 의미(골 2:11, 12)

㉠ 새 사람(그리스도 안에서)됨의 약속

㉡ 죄 씻음 받음의 표입니다.

㉢ 그리스도에게 접붙이는 의미 – 그리스도의 죽으심과 부활에 접붙임이 됩니다.(골 2:12)

② 성찬의 의미(고전 11:23~27)

㉠ 예수님이 가르쳐 주셨고 제물되신 예수님의 살과 피를 우리 위해 주심입니다.(눅 22:19, 20)

㉡ 기념 행위입니다.(고전 11:25)

㉢ 주님의 죽으심을 전파하는 행사입니다.(고전 11:26)

4. 기도(눅 11:13)

① 하나님이 우리에게 베푸시는 교통의 줄이요 축복의 방법입니다.(마 7:7, 살전 5:17)

② 신앙고백의 제사입니다.(모든 시편)

③ 나의 모든 삶을 하나님께 입술과 심령으로 자백하는 신앙 행위입니다.

요의

기도는 성도에게 생명을 주는 호흡이요, 끊어지지 않는 기쁨의 샘이요, 슬플 때 찾아갈 집이요, 싸울 때 의지할 바위요, 피곤할 때 쉴 수 있는 초장과 같다.

학습문제

1. 신앙의 성장과 발전을 위해 성례, 말씀, 기도가 얼마나 중요합니까?

답 이들 없이는 우리의 믿음을 강화하거나 주님의 은혜를 깨달을 수 없다.

2. 디모데후서의 네 가지 중요한 주제를 찾아 보면서 의미를 묵상합시다.

답 ① 교훈: 가르치고 타일러 올바른 길로 이끄는 것

② 책망: 허물이나 잘못을 꾸짖고 타이르는 것

③ 바르게 함: 생각과 행동이 정직하고 사리에 맞는 것

④ 의로 교육: 공정하고 참되며, 경건하도록 그리고 '하나님의 의' 를 이루도록 교육하는 것

3. 성찬의 의미를 말해보세요.(고전 11:23~27)

답 예수 그리스도께 받은 것으로, 잡히시던 밤에 떡과 잔을 가지고 세운 새 언약이며, 이를 행함으로 기억하고, 주의 죽으심을 그가 오실 때까지 전해야 한다.

※ 상세설명 : 예수 그리스도께서 그를 믿는 자들로 하여금 그의 살과 피를 상징하는 떡과 포도즙을 먹고 마심으로써 신령한 은혜를 덧입게 하시고, 영적으로 성장하게 하시는 것이다. 이는 그리스도께서 제정하신 예식이므로, 교회는 이것을 세상 끝날까지 지켜야 한다.

4. 세례의 의미를 말해 보세요.(골 2:11~12)

답 육의 몸을 벗는 그리스도의 할례이며, 그리스도와 함께 장사되고 또 죽은 자들 가운데서 그를 일으키신 하나님의 역사를 믿음으로 인해 그 안에서 함께 일으키심을 받는다.

※ 상세설명 : 예수 그리스도께서 제정하신 신약의 성례로써, 성부와 성자와 성령의 이름으로 물을 가지고 씻는 예식이다. 세례는 우리가 예수 그리스도에게 접붙임을 받고, 은혜 언약에 참여함으로써 중생하고 죄 사함을 받으며, 나아가 예수 그리스도의 새 생명 가운데서 오직 믿음으로 행할 것을 하나님께 헌신하는 표이다. 세례는 공적인 신앙고백과 더불어 세례 받은 당사자를 유형 교회에 엄숙하게 가입시키는 의식이다.

토의(자유토론)

1. 성찬에서 가톨릭의 화체설, 루터의 공재설, 칼빈의 영적 임재설의 의미를 연구하여 왜 영적 임재설이 더욱 중요한지 토의해봅시다.

답 ① 화체설 : 성찬식을 거행할 때 떡과 포도주가 실제로 그리스도의 몸과 피로 변한다(로마교회).

② 공재설 : 성찬식을 거행할 때 떡과 포도주 안에 그리스도의 몸과 피가 함께 공재한다(루터교회).

③ 기념설 : 성찬식은 예수님의 죽으심의 의미를 되새기며 기념하는 하나의 의식이다(쯔빙글리).

④ 영적 임재설 : 떡과 포도주는 그대로 있는데, 영적으로 그리스도의 몸과 피가 함께 임재한다(칼빈).

※ 그리스도의 몸과 피가 성찬의 떡과 포도주 안에 육체적으로 임하시지는 않는다. 그러나 믿음으로 받는 자에게 영적으로 존재하는데, 이것은 실제적으로 성찬에 참여하는 자의 신앙에 영적으로 임재하는 것이다. 그러므로 우리는 영적으로 그리스도의 살과 피를 마시는 것이며, 참으로 믿음에 의해 십자가에 달려 죽으신 그리스도의 모든 혜택을 자신에게 적용하는 것이다.

2. 나의 기도생활은 어떠한지 말해봅시다.

답 기도는 우리가 하나님 앞으로 나아가 드리는 것이다. 하나님은 택하신 자녀들로 하여금 자신과 인격적인 교제를 나누고 대화할 수 있도록 하셨으며, 이 기도를 가장 귀히 여기고 기뻐하신다. 기도를 통해 우리는 하나님께 우리의 회개와 감사와 소원을 아뢰며, 하나님으로부터 강력한 영적 은혜를 받아 누릴 수 있다. 자신이 하나님께 기도드림으로 얻었던 은혜 혹은 기도응답을 받았던 은혜가 있으면 더불어 나누어 보자.

| 제 4 과 |

말씀의 구원 작용

요절 구원 효력인 말씀

읽을성경 요 5:39, 행 10:44

▶ 하나님의 말씀이 어떻게 효력이 되어 구원을 얻게 합니까?
하나님의 말씀을 읽는 것과 특히, 설교하는 것으로써 하나님의 신이 효력있는 방법을 삼아 죄인을 반성시켜 회개케 하시며 또 믿음으로 말미암아 거룩함과 위로를 더하셔서 구원에 이르게 하십니다.

▶ 하나님의 말씀을 어떻게 읽고 들어야 효력이 되어 구원을 얻는 방도가 됩니까?
하나님의 말씀이 우리로 하여금 구원을 얻게 하는 방도가 되게 하려면 마땅히 부지런함과, 예비함과, 기도로써 생각하며[임하여야 하며] 믿음과 사랑을 우리 마음에 두고 행실로 나타낼 것입니다.

하나님은 사랑과 은혜의 모든 것을 말씀(계시)을 통하여 우리에게 주시되 반드시 성령님의 역사로 하십니다.

1. 성령님이 구원의 효력을 위해 말씀을 사용하십니다.

① 하나님의 말씀을 읽는 것(요 5:39)

② 하나님의 말씀을 전하는 것(행 10:44)

2. 하나님 말씀의 구원 작용

① 죄인을 반성시켜 회개케 합니다.(행 2:37, 히 4:12)

② 믿음을 일으킵니다.(롬 10:10, 17)

③ 진리로 거룩하게 합니다.(요 17:17, 시 119:9)

④ 위로를 받습니다.(롬 15:4, 시 119:50, 고후 1:3)

⑤ 구원에 이르게 하십니다.(고전 15:2, 행 2:40, 롬 1:16)

3. 하나님의 말씀을 이렇게 읽고 들어야 구원의 효력이 작용합니다.

① 부지런함으로(잠 8:32~36)

㉠ 주야로(시 1:2)

㉡ 종일(시 119:97)

㉢ 이른 새벽에 깨어(시 119:148)

② 예비함으로(딤후 3:14~17) – "준비된 마음"

③ 기도하며 생각함으로(시 119:18)

④ 믿음과 사랑을 우리 마음에 둠으로(시 119:11, 히 4:2)

⑤ 행실에 나타냄으로(눅 8:15, 약 1:25) – 생활로 실천하는 것(눅 10:28, 약 4:17)

※ "이 예언의 말씀을 읽는 자와 듣는 자와 그 가운데에 기록한 것을 지키는 자는 복이 있나니 때가 가까움이라."(계 1:3)

학습문제

1. 시편 1장 1, 2절에서 주야로 묵상한다는 말씀을 읽고 나의 묵상생활을 점검해봅시다.(Q.T)

답 먼저 조용한 시간과 장소를 찾아 기도와 함께 성경 말씀을 깊이 묵상해야 한다. 이는 말씀 묵상을 돕는 서적들의 도움을 얻을 수 있다. 중요한 것은 묵상으로만 그치는 것이 아니라 적용과 나눔으로 이어질 때만이 삶의 변화와 성숙을 경험할 수 있다는 것이다.

2. 하나님 말씀의 구원 작용 5가지

답 ① 죄인을 반성시켜 회개케 한다.(행 2:37)
② 믿음을 일으킨다.(롬 10:10, 17)
③ 진리로써 거룩하게 한다.(요 17:17, 시 119:9)
④ 소망과 위로를 주신다.(롬 15:4, 고후 1:3)
⑤ 의롭게 되는 것을 가르쳐 주신다.(고전 15:2, 롬 1:16)

3. 요한계시록 1장 3절에서 세 가지 주제를 찾고 나의 삶 속에서 시행되고 있는지 말해보십시오.

답 이 세 가지 주제는 말씀을 읽는 것, 듣는 것, 기록한 것을 지키는 것이다. 매일 정한 분량의 성경을 읽으며, 묵상하고, 그 말씀대로 지킬 때 하나님의 강력한 인도하심을 체험하게 될 것이다. 한 주간 말씀을 읽을 분량과 예배에 참석하고 집중하여 말씀을 듣고, 그 말씀의 실천에 관한 계획서를 만들어 보자.

토의(자유토론)

1. 성경을 읽다가, 묵상하다가, 말씀을 듣다가, 전도하다가, 은혜와 감동 받은 것을 나눠봅시다.

답 하나님의 말씀은 오늘도 살아있으며, 역사하시고, 너무 예리하게 우리의 병든 마음과 상처 입은 마음을 치료하신다. 또한 우리의 마음과 생각과 뜻을 살피사 우리가 넘어지지 않도록 돌보신다(히 4:12). 최근에 받았던 은혜의 체험들을 나누어 보자.

2. 당신은 매일 일용할 양식을 정기적으로 읽고 있습니까? 그렇지 않다면 약하거나 병들어 있다고 생각지 않습니까?

답 정상적인 식사를 하지 못하는 사람을 건강한 사람이라고 말할 수 없을 것이다. 하나님의 말씀은 건강한 사람이라면 매끼 먹어야 하는 음식과 같다. 매일 일정하게 말씀을 공급받을 수 있는 방법들이 있다면 나누어 보자.

제 5 과

성례란 무엇인가?

요절 성례의 바른 이해

읽을성경 마 28:19, 20, 고전 12:13

▶ **성례가 어떻게 효력이 되어 구원을 얻게 하는 방도가 됩니까?**
성례가 효력이 되어 구원을 얻게 하는 방도가 되는 것은 성례 자체로 말미암음도 아니요, 베푸는 자의 덕으로 됨이 아니라, 다만 그리스도의 축복함으로 되며, 또 믿음으로 성례를 받는 자 속에 성령이 역사하심으로 되는 것입니다.

▶ **성례가 무엇입니까?**
성례는 그리스도께서 세우신 거룩한 예식인데 그리스도와 그 새 언약의 유익을 깨닫는 표로써 신앙고백을 한 신자들에게 적용되는 것입니다.

▶ **신약의 성례가 무엇입니까?**
신약의 성례는 세례와 성찬입니다.

성례의 참뜻을 바로 알고 새로워지는 계기가 되도록 합시다. 그리고 은혜를 더하시려는 하나님의 뜻에 감사합시다.

1. 성례의 뜻

① 기원

㉠ 하나님께서 정하심(신앙고백 27장)

㉡ 그리스도께서 정하심(요리문답 92문, 대요리문답 162문)

② 성격 – 거룩한 예식입니다.

③ 의도

㉠ 교훈을 주기 위하여 의미를 새롭게 하며 확인하기 위함

㉡ 교화하기 위하여: 믿음과 은혜를 강력하게 하고 증가시킴

㉢ 은혜를 베풀며, 보충하기 위하여

㉣ 시험하여 사랑과 성도의 교제를 마음에 새기기 위하여

㉤ 성도를 구별하기 위하여, 성도와 타인 사이에 눈에 보이는 차이를 제공하며 교인으로서의 표시를 부여하기 위하여

④ 배경

㉠ 구약에서는 하나님과 인간 사이에 맺어진 은혜 언약의 거룩한 표로써 할례와 유월절입니다.

㉡ 신약의 성례는 세례와 성찬입니다.

㉢ 아담과(창 3:15), 노아와(창 9:11~17), 아브라함과(창 12:2, 15:5), 다윗과(삼하 7:12~16) 대표적으로는 모세와(출 24:8) 맺은 시내산의 언약이 있습니다.

㉣ 구속의 표(출 12:13), 언약의 확인(고전 10:16, 요 3:27), 성도임을 증명하고 확증하는 표(출 12:48, 고전 11:27~29)

2. 성례의 구원 효력

① 성례 그 자체로 구원받을 수 없습니다. – 반드시 말씀과 함께 말씀에 따라서 집행되어야 합니다.

② 베푸는 자의 덕으로 될 수 없습니다. – 합법적으로 안수받은 목사가 집례하는 것 뿐이지 집례자의 명예나 덕에 효력이 있음이 아닙니다.

③ 다만 그리스도께서 축복함으로 됩니다. – 창시자인 그리스도께서 우리의 영적 진보를 위하여 제정하신 은혜의 방편, 곧 축복으로만 가능합니다.

④ 믿음으로 성례를 받는 자들 속에 성령이 역사하심으로 됩니다.

학습문제

1. 세례와 할례, 성찬과 유월절을 비교해 보고 공통점을 찾아 봅시다.

답 ① 세례와 할례

- 세례는 예수 그리스도를 통해 새 생명을 얻으며 믿음으로 주께 헌신함을 나타내는 공적인 고백이다.
- 할례는 구약 시대에 하나님의 백성이 되었다는 언약의 표시로 (창 17:11) 태어난 지 8일 된 남자 아이의 성기 일부인 포피를 제거하는 의식이다.

※ 따라서 세례와 할례는 모두 옛 사람이 죽고 하나님의 새 사람이 되었음을 나타내는 공통점을 가진다.

② 성찬과 유월절

- 성찬은 예수 그리스도께서 잡히시던 밤에 떡과 잔을 가지고 세운 새 언약으로써, 이를 행함으로 기억하고, 주의 죽으심을 그

가 오실 때까지 전해야 했다.

- 유월절은 출애굽 전날 밤 죽음의 사자가 애굽 장자들을 죽일 때 어린 양의 피를 문설주에 바른 이스라엘 백성의 집은 넘어감으로써 이스라엘 백성이 구원받은 데서 유래되었고(출 12:11~13), 이날은 이스라엘이 애굽에서 구원된 해방의 날을 기념한다. 이는 이스라엘에게 언약 백성으로서의 자기 존재를 확인하며 하나님을 구원의 주로서 고백하는 절기이다(왕하 23:21).

※ 따라서 성찬과 유월절은 그리스도의 십자가 사건과 연결된 공통점을 가진다. 이는 하나님과의 옛 언약이 그리스도를 통한 새 언약으로 이어짐을 보여준다.(마 26:26~29)

2. 왜 성례를 예수님이 주셨습니까? "주께 받은 것", "내 몸이니", "피로 세운 새 언약이니"는 무슨 뜻입니까? (고전 11:23~26)

답 예수님이 잡히시던 밤에 예수님을 기념하기 위해 만드신 예식으로써 떡은 몸을, 잔은 피로 세운 새 언약을 상징한다. 성례에는 예수 그리스도 안에 있는 십자가 구원의 경륜을 담고 있다. 따라서 그리스도의 피로 죄 씻음, 그리스도 몸의 연합, 하나님의 언약에 들어옴, 그리고 칭의와 성화 등을 나타낸다.

3. 성례를 통한 구원 은혜가 더욱 넘치는 체험을 해보았습니까? (세례, 성찬)

답 성례는 예수 그리스도와 하나님의 은혜언약 안에 있는 그리스도의 피로 죄 씻음, 그리스도의 몸에 연합함, 하나님의 언약에 들어옴, 그리고 칭의와 성화 등을 표현하고 있다. 성례를 통해 우리는 이러한 그리스도의 구체적인 은혜들을 체험할 수 있다.

토의(자유토론)

1. 「성례(聖禮)」라는 말의 본래 의미는 무엇이었는지 말해봅시다.

답 성례는 라틴어 '사크라멘툼(sacramentum)' 에서 유래한 것으로 '거룩한 것' 이란 의미를 가진다. 이 용어는 에베소서 1:9, 3:9, 5:32, 골로새서 1:27에 나타나는 '뮈스테리온(비밀)' 이라는 헬라어에 대한 라틴어 번역이다. 하지만 이 용어는 성례 자체가 아닌 예수 그리스도 안에 있는 십자가 구원 계획의 비밀을 의미한다. 따라서 성례는 '언약의 말씀에 대한 표와 인', '거룩한 표', 그리고 '언약의 보증' 으로 이해하였다.

2. 가톨릭과 성공회의 성례는 어떤 것들이 있나 말해봅시다.

답 가톨릭과 성공회는 다음과 같이 모두 7가지의 성례를 말한다.

① 세례(영세, baptism): 영적으로 거듭남

② 성찬(미사, mass): 신앙의 성장

③ 견신례(confirmation): 은혜로 자라고 믿음이 강건해짐

④ 고해성사(penance): 죄로 인하여 범죄하였을 때 영적인 치료를 위해 행함

⑤ 성직서임식(안수례, ordination): 육체의 병뿐만 아니라 영혼의

치유를 위함

⑥ 종부성사(종유례, extreme unction): 육체의 병뿐만 아니라 영혼의 치유를 위함

⑦ 결혼(matrimony): 한 몸으로 성장함

3. 세례와 침례에 대하여 특색과 내용을 알아봅시다.

답 그리스도께서 세우신 신약의 성례이다. 이들은 옛 사람이 새 사람으로, 옛 언약이 새 언약으로 이어진다는 점에서 구약의 할례와 유월절과 연결점을 가진다. 성례는 그 자체로 구원이 될 수 없음으로 반드시 말씀과 함께 말씀에 따라서 그리고 안수 받은 목사에 의해 집례되어야 한다.

제 6 과

세례란 무엇인가?

요절 세례관 확립

읽을 성경 롬 6:3, 갈 3:26~27

▶ 세례가 무엇입니까?

세례는 물을 가지고 성부와 성자와 성령의 이름으로 씻는 성례인데 우리가 그리스도에게 접합됨과 언약의 모든 유익에 참여함과 주님의 사람이 되기로 약조함을 표시하여 인치는 것입니다.

▶ 세례는 어떠한 사람에게 베풉니까?

세례는 불신자들이 그리스도를 믿고 고백하여, 그에게 복종하는 데까지 이르러야 베풀 것이요, 입교한 자의 자녀에게 베푸는 것입니다.

성령과 예수님의 보혈로 죄 씻음 받음의 적용이 우선이고 그 결과로 세례식을 성도들(증인) 앞에서 갖는 것은 중요합니다.

1. 세례의 뜻

① 성 삼위의 이름으로 받는 것(마 28:19)

② 우리를 그리스도에게 접붙이는 것(롬 6:3)

③ 죄 씻음과 은혜에 참여하는 것(계 1:5)

④ 주님의 사람되는 약속의 표(갈 3:26~27)

2. 세례 받을 자

① 그리스도를 믿고 고백하는 자

② 그리스도께 복종하는 자

③ 교회 안에 있을 것

④ 입교한 자의 자녀

요의

세례는 어른과 유아에게 적용된다.

(A) 장년 세례(長年 洗禮, Adult Baptism): 오순절에 베드로의 설교를 들은 사람들이 세례를 받았고(행 2:41), 내시의 경우(행 8:38), 빌립보 옥사장의 경우(행 16:33)이다.

(B) 영(유)아 세례: 영아들의 가정적 중생을 근거로 해서 세례를 주며, 또 중생의 약속도 포함하는 하나님의 전 포괄적인 약속을 근거로 해서 주는 것이다. 언약의 백성되게 함과 부모의 신앙으로 받는 것으로 할례(출생 8일 만에)처럼 신앙의 자녀가 되었다는 증표요 서약이다.

3. 세례의 종류

① 물세례 – 목사가 물을 가지고 성부, 성자, 성령의 이름으로 베푸는 세례인데 물세례를 받은 표입니다.(마 3:6)

② 불세례(성령세례) – 성령의 역사로 죄를 회개하고 예수를 구주로 믿어 하나님의 자녀가 된 것을 확실히 믿는 것입니다.(고전 12:3, 13)

4. 세례는 어떠한 형편을 물론하고 평신도가 베풀 수 없고 반드시 하나님의 사역자로 부르심을 받은 목사만이 베풀 수 있습니다.

5. 세례의 방법

① 침례법(浸禮法, Immersion) – 수세자가 물속에 온몸을 넣었다가 (강, 개천, 저수지 등에서) 나오는 것(옛 사람은 죽고 새 사람은 산다는 상징적 의식입니다)

② 관수법(灌水法, Affusion) – 수세자를 물 가운데 세워두고 시세자가 그릇으로 물을 길어 수세자의 머리 위에 삼위의 이름을 따라 세 번 붓는 것

③ 살수법(撒水法, Sprinkling or Aspersion) – 초세법, 현재 많은 교회가 시행하는 것처럼 그릇에 물을 길어서 시세자가 손을 물에 찍어 수세자의 머리 또는 이마에 뿌리는 것

요의

세례의 방법은 각 교파마다 주관적이며 독자적인 세례관을 형성하고 있다. 여기에서 세례는 단순한 의식이 아니기에 어느 것만을 절대적 하나라고 주장해서는 안 된다. 세례의 상징의 본질적인 것은 「정화의 개념」(시 51:7, 겔 36:25, 행 2:38, 22:16)으로서 고대로부터 세례는 정수와 함께 물을 뿌리든지 붓든지 하여 집행되는 것이 관습으로 되어 있었다.(민 8:5~7, 19:8, 9, 12, 13) 만약 침례 받지 않으면 구원과 상관없다든지, 다시 침례를 받아야 한다고 주장하면 잘못된 것입니다)

학습문제

1. 세례의 뜻과 관계된 성구를 연결하세요.

답

성 삼위 이름으로 받는 것	갈 3:26~27
그리스도께 접붙임	계 1:5
죄 씻음과 은혜에 참여	롬 6:3
약속의 표	마 28:19

2. 죄 씻음 받은 간증이 있습니까?

답 성경은 만일 우리가 우리 죄를 자백하면 진실하시고 의로우신 하나님은 우리 죄를 사하시고 우리를 모든 불의에서 깨끗하게 하실 것이라고 말한다(요일 1:9). 우리의 죄 사함의 근거는 예수 그리스도이시다(엡 1:7). 죄 사함 받은 은혜의 경험이 있다면 나누어 보자.

3. 갈라디아서 3장 27~29절의 그리스도로 옷 입고, 예수 안에서 하나이며, ○○을 이룰 자란 무슨 의미입니까?

답 우리와 그리스도와의 연합을 가리킨다. 우리가 그리스도와 합하여 세례를 받고 그리스도로 옷 입고, 그리스도 안에서 하나이며, 우리가 그리스도에게 속하여 유업을 잇게 된다.

토의(자유토론)

1. 침례법과 초세법의 장단점을 찾아서 이야기해봅시다.

답 ① 침례법 : **장점** – 옛 사람은 죽고 새 사람이 산다는 상징적 의미를 강렬하게 온몸으로 느낄 수 있다.

단점 – 물이 많은 특별한 장소를 구해야 하며, 물에 들어갈 옷을 준비해야 한다. 물속으로 몸이 들어가야 하므로 두려움을 느낄 수 있다. 차가운 물 온도에 대비해야 한다.

② 초세법 : **장점** – 장소에 대한 제약이 없고 간략히 행할 수 있다. 각 교회에서 세례 시 보편적으로 사용하고 있다.

단점 – 침례법의 장점인 옛 사람이 죽고 새 사람이 산다는 상징적 의미가 약하다.

2. 영(유)아 세례의 성경적 근거를 말해봅시다.

답 구약시대의 할례는 신약시대의 세례 예표라 볼 수 있다. 하나님은 아브라함에게 할례를 행하라고 명령하시기 전에 그와 그의 후손의 하나님이 되시겠다고 말씀하셨다(창 17:7, 10). 할례는 육을 죽이는 상징이다. 그렇기 때문에 땅에 있는 모든 백성 가운데서 이스라엘이 하나님의 백성으로 선택된 것이다(신 10:15). 우리가 세례에서 받는 것과 같은 영적 약속을 조상들은 할례를 통해서 받았다. 구약시대에 유아들은 태어난 지 팔 일 만에 할례에 참여하여 언약의 약속을 확인 받았다. 이처럼 오늘날 우리들은 유아들에게 언약의 약속 확인을 세례를 통해서 받게 된다.

제 7 과

성찬이란 무엇인가?

요절 주의 살과 피

읽을성경 요 6:55~58, 고전 11:26~28

▶ 주의 성찬이 무엇입니까?

주의 성찬은 곧 성례이니 그리스도의 정하신 대로 떡과 포도즙을 주며 받는 것으로 그 죽으심을 나타냅니다. 합당하게 받는 자들은 육체와 정욕으로 참여함이 아니요, 믿음으로써 그의 몸과 피에 참여하여 자기의 신령하게 받는 양육과 은혜 중에서 장성함으로 그의 모든 효험을 받습니다.

▶ 주의 성찬에 합당하게 참여하려면 어떻게 하여야 합니까?

주의 성찬에 합당하게 참여하려면 마땅히 주님의 몸을 분별할 줄 아는 것과 주님으로 양식을 삼는 믿음과 회개와 사랑과 새로 순종함에 대하여 스스로 살필 것이니 합당치 않게 참여하면 두렵건대 먹고 마시는 것이 정죄함을 자청함이 될 것입니다.

은혜를 더하게 하시려고 예수님이 직접 가르쳐 주신 예수님의 살과 피의 의미를 깊이 알고 신뢰해야 합니다.

1. 성찬의 제정(制定)

① 성경에 근거합니다.(마 26:26~29, 막 14:22~25, 눅 22:19~20, 고전

11:23~25)

② 예수님께서 처음 시행하셨습니다.

③ 유월절에 처음으로 시행하셨습니다.(마 26:17~18)

④ 예수님의 죽으심부터 재림까지 시행합니다.(고전 11:26)

2. 성찬의 뜻

① 주님의 대속적 죽음을 상징적으로 표현하는 것

② 성도가 십자가에 못 박히신 그리스도에게 참여하는 것을 상징하는 것

③ 영혼에 생명, 능력, 기쁨을 줌으로써 영적 양식의 효과를 나타내는 것

④ 예수 그리스도의 신비적 몸의 지체가 되는 성도들의 상호연합을 상징하는 것(한몸 된 교회 공동체)

3. 성찬이 날인하는 것

① 성찬은 가장 고통스럽고 수치스러운 죽음을 스스로 당하신 사실에 계시된 그리스도의 위대하신 사랑을 참여자에게 인쳐줍니다.

② 성찬은 언약의 모든 약속들과 또 복음이 제시하는 모든 풍부한 것들이 다 자신의 것이라는 확증을 믿음으로 참여자에게 줍니다.

③ 성찬은 구원의 축복들이 현실적으로 소유가 되어 있다는 사실을 신앙으로 참여하는 자들에게 확증시킵니다.

④ 성찬은 믿음으로 참여하는 자들 편에서는 신앙고백의 표지입니다.

4. 성찬에 합당한 참여자

① 세례받은 자(신앙고백자)

② 주님의 몸을 분별할 줄 아는 자(신앙지식)

③ 그리스도의 구속을 의뢰하는 자(주님의 살과 피의 의미를 아는 자)

④ 죄를 끊고 거룩하고 경건한 생활을 하고자 각오하는 자

5. 성찬에 부적당한 참여자

① 세례받지 못한 자(성령세례의 표로써 받기 때문입니다.)

② 성령을 거스르는 자(악행 하는 자)

③ 은밀한 중에 짐짓 범죄한 자(회개가 이루어지지 않아 고민하는 자)

④ 교리를 깨닫지 못하는 자(성찬의 뜻을 모르는 자)

⑤ 교회를 부끄럽게 하는 자

⑥ 교회 재판에 계류 중인 자

⑦ 당회가 교회의 유익을 위하여 허락할 수 없는 자(수찬 정지)

학습문제

1. 성찬은 어느 성경말씀에 근거하고 있습니까? (장, 절을 쓰세요)

답 마 26:26~29, 막 14:22~25, 눅 22:19~20, 고전 11:23~25

2. 성찬에 합당한 참여자는 누구입니까? (고전 11:26~28)

답 세례자, 주님의 몸을 분별할 줄 아는 자, 그리스도의 구속을 의지

하는 자, 경건 생활을 각오하는 자.

3. 떡과 포도즙은 무엇을 기념하는 것입니까? (눅 22:19, 20)

답 ① 떡: 우리를 위하여 주는 그리스도의 몸

② 포도즙: 그리스도의 피로 세우는 새 언약

토의(자유토론)

1. 성찬은 왜, 성직자(목사)가 집행하는가를 토의해봅시다.(고전 11:23) (예수님 → 사도 → 목사의 관계에서)

답 성찬은 교회 안에서 설교하도록 공적으로 직무를 맡고 있는 목사가 집행한다. 그것은 말씀을 증거하는 일과 성례를 시행하는 일은 서로 밀접하게 결합되어 있기 때문이다. 예수님은 세례를 베푸는 일과 설교하는 일을 특별히 당신의 사도들에게 위탁하셨으며, 성찬도 마찬가지로 사도들에게 예수님 자신의 모범을 따라서 이를 행하도록 명령하셨다.(참조: 제네바 교리문답 366, 367)

2. 말씀을 통해서 얻는 은혜와 성찬을 통한 은혜는 어떻게 다릅니까?

답 말씀을 통해서 얻는 은혜는 죄를 깨닫게 하고 회개하게 하며, 믿음으로 구원에 이르게 하고 성화의 삶을 가능하게 한다. 이에 반해 성찬을 통한 은혜는 이를 시행함으로 신령한 은혜를 덧입도록 하며, 영적으로 성장하게 한다. 또한 신자로서의 의무와 충성을 다하게 하고, 성도들 상호간에 사랑과 교제를 새롭게 증진하게 한다.

제 8 과

기도와 주기도 이해

요절 기도관 확립

읽을성경 요 16:28, 마 6:9

▶ **기도가 무엇입니까?**

기도는 그리스도의 이름으로 우리의 기원을 하나님께 고하고 그의 뜻에 합당한 것을 간구하여 죄를 자복하며 그의 자비하신 모든 은혜를 감사하는 것입니다.

▶ **하나님께서 우리의 기도를 지시하시려고 주신 법칙이 무엇입니까?**

하나님의 모든 말씀이 우리의 기도를 지시함에 유용한 것이나 특별히 지시하신 법칙은 그리스도께서 그 제자들에게 가르치신 기도니 보통으로 주기도문이라 하는 것입니다.

1. 기도의 뜻

① 그리스도의 이름으로 구하는 것(요 16:23~24)

② 우리의 소원을 하나님께 아뢰는 것

③ 주의 뜻에 합당하게 구하는 것(요일 5:14)

④ 우리의 죄를 자복하는 것(단 9:4, 눅 18:13)

⑤ 하나님의 은혜를 감사하는 것(빌 4:6)

2. 기도의 종류

① 개인 기도 – 자신을 위해 드리는 기도(살전 5:17, 시 62:8, 마 6:6)

② 중보 기도 – 대신하여 드리는 기도

㉠ 바울(딤전 2:2, 엡 3:14~15, 살후 3:1)

㉡ 그리스도(요 17:1~26, 요일 2:1, 히 7:25)

㉢ 성령님(롬 8:26~27)

3. 기도의 법칙(지침, 표본)

① 모든 말씀을 주심으로 어떻게 기도할 것인가를 가르쳐 주십니다.(딤후 3:16~17)

② 그리스도께서 친히 가르쳐 주셨습니다.(마 6:9~13, 눅 11:2~4)

4. 주기도문의 구분(주님이 가르쳐 주신 기도)

① 칭호 – 기도의 대상

② 간구(기원) – 첫째~여섯째 간구

③ 송영 – 하나님께 영광

5. 주기도문의 순서

① 하나님의 것을 구함 – 그의 이름(그 자신), 그의 나라, 그의 뜻을 구하는 것

② 인간의 것을 구함 – 기본적인 것들(일용할 양식, 속죄, 보호하심)을 구하는 것

③ 하나님으로 시작하여 하나님으로 끝납니다.

④ 모든 순서는 하나님께 영광을 돌리는 것입니다.

6. 주기도문의 정신

① 자식으로서의 정신입니다. – "아버지"

② 공동체를 형성하는 형제로서의 정신입니다. – "우리 아버지"

③ 경외하는 정신입니다. – "하늘에 계신"

④ 겸손한 정신입니다. – "…지이다 … 주옵시고 … 구하옵소서"

⑤ 용서의 정신입니다. – "사하여 준 것같이"

⑥ 삼위일체 하나님께 하는 것입니다.

학습문제

1. 마태복음 7장 7~11절에서 기도하는 자에게 향하신 하나님의 마음이 어떠합니까? 그리고 나는 그 따뜻함을 느껴 보았습니까?

답 이미 준비하시고 우리가 구하기만을 기다리는 아버지의 마음이다. 하나님은 자녀를 사랑하는 아버지 그 이상의 마음으로 우리를 사랑하시고 가장 좋은 것을 주시기를 원하신다.

2. 주기도문은 성경말씀 어디 어디에 있습니까?

답 마 6:9-~13, 눅 11:2~4

3. 주기도문의 정신 5가지는 무엇입니까?

답 ① 자식으로서의 정신

② 공동체를 형성하는 형제로서의 정신

③ 경외하는 정신

④ 겸손의 정신

⑤ 용서의 정신

토의(자유토론)

1. 기도에 대한 용어들을 말해봅시다.(예 「기도는 만능의 열쇠」라고 한다)

답 "기도는 주님과 말하는 것이다." "기도는 기적을 낳는다." "기도는 기도하는 사람을 변화시킨다." "기도는 하나님과의 대화이다." "기도는 우리의 안식이다." "기도는 만사를 변화시킨다." "기도는 호흡이다."

2. 주기도문(예수님이 가르쳐 주신)은 왜 모든 기도의 표준이 됩니까?

답 예수님이 직접 어떻게 기도할 것인가를 모든 말씀으로 가르쳐 주셨기 때문이다(딤후 3:16~17, 마 6:9~13, 눅 11:24).

제 9 과

하늘에 계신 우리 아버지

요점 주기도 서문

읽을성경 사 64:9, 롬 8:15

▶ **주기도문의 첫 말씀이 우리에게 무엇을 교훈합니까?**
주기도문의 첫 말씀은 곧 "하늘에 계신 우리 아버지여" 한 것이니 이는 자식이 그 능하고 보호하시기를 예비한 아버지에게 가는 것과 같이 우리가 모든 거룩하게 공경하는 뜻과 든든한 마음으로 하나님께 가까이 오는 것을 가르치고 또 우리가 다른 사람으로 더불어 기도하고 다른 사람을 위하여 기도하라 가르친 것입니다.

하늘(거룩하고 보좌)에 계신 우리 아버지를 기도할 때마다 주의 지체들과 교회를 생각하고, 여호와를 경외하며, 존귀함을 가지는 자세가 승리기도의 승패임을 압시다.

1. 기도의 대상 — 「하나님 아버지」

※ 하나님의 고유 명사들

① 「엘로힘」(창 1:1) – "심판자" "통치자" "두려우신 자"

② 「엘」(창 17:1) – "강하신 자" "다스리는 자"

③ 「엘샤다이」(출 6:3) – "나의 주" "전능하신 하나님"

④ 「엘엘리욘」(창 14:18) – "가장 높으신 하나님"

⑤ 「아도나이」(창 18:3) – "주인" "주"

⑥ 「여호와」(출 6:3) – "위로의 하나님" "약속의 하나님"

2. 「하늘에 계신」의 뜻

① 완전하신 분입니다.(마 5:48)

② 최고로 지혜로우신 분입니다.(욥 17:10)

③ 참 사랑의 아버지이십니다.(사 49:15, 16)

④ 풍부하신 분입니다.(학 2:8)

⑤ 영원 불멸하신 분입니다.(시 90:2)

⑥ 높고 성결하시고 지존하신 분입니다.

요의

"하늘"에 대한 의미

신 · 구약 성경은 하늘을 장소적으로 보았다. "하늘에 계시다" 함은 요한복음 14장을 보면 예수님은 그가 가실 곳(하늘)에 있을 곳이 많다고 하셨으니, 그 말씀은 명백히 하늘나라가 장소성을 가진 것에 대하여 말씀하신다. 그러므로 종말론적 의미와 영적이고 내세적인 의미가 있다. 유대인은 3층천 개념이 있다. 즉 하늘(보좌), 공중(사랑의 역사), 땅(인간의 거처) 여기 하늘은 거룩한 보좌(하나님)의 의미이다.(엡 2:2)

3. 「우리 아버지」의 뜻

① 개인(성도)의 아버지이십니다.(엡 1:5)

② 단체(택한 백성)의 아버지이십니다.(출 4:22, 렘 3:4)

③ 피조된 전 인류의 아버지이십니다.(사 64:8, 말 2:10)

④ 영혼을 창조하신 아버지이십니다.(히 12:9)

⑤ 예수님과의 관계로써의 아버지이십니다.(요 15:5)

⑥ 양자의 영을 주신 아버지이십니다.(롬 8:15, 갈 4:6)

4. 「하늘에 계신 우리 아버지」의 뜻

① 기도가 독선으로 흐르지 않게 하심입니다.(요 20:17) "우리" → "교회"

② 이기적인 기도를 금하게 하심입니다.

③ 지극히 높으시고 절대적이신 하나님을 알게 하심입니다.

④ 공경하는 뜻과 든든한 마음을 갖게 하심입니다.(사 64:9, 마 6:11)

⑤ 타인을 위하여 기도할 것을 교훈하심입니다.(엡 6:18, 행 12:5)

⑥ 반드시 그가 계시다는 확신으로 기도하게 하심입니다.(히 11:6)

⑦ 아버지 계신 나라를 사모하면서 기도하게 하심입니다.

⑧ 자녀가 된 긍지와 보람 속에서 기도하게 하심입니다.(시 100편)

학습문제

1. 하나님의 고유 명사는 성경에서 어떻게 쓰여졌습니까?

답 ① 창 1:1 – 엘로힘 ② 창 17:1 – 엘

② 출 6:3 – 엘샤다이 ④ 창 14:18 – 엘엘리욘

③ 창 18:3 – 아도나이 ⑥ 출 6:3 – 여호와

2. 「하늘에 계신 우리 아버지」(마 6:9)를 읽으면서 우리 대신 "나", "교회", "우리 민족", "믿는 자의" 등을 넣어서 읽으십시오. 어떤 감회가 있습니까?

답 하늘에 계신 아버지가 나와 교회와 민족 그리고 믿는 자들과 구체적인 교제를 나누는 친밀한 관계임을 깨닫게 될 때 우리의 믿음은 더욱 굳건하게 될 것이다.

토의(자유토론)

1. 「하늘」에 대한 성경의 상징적 용법들을 말해봅시다.
(창 1:6~8, 사 40:22, 왕하 7:2, 행 7:42)

답 ① 창 1:6~8: "하나님이 궁창을 하늘이라 부르시니라 저녁이 되고 아침이 되니 이는 둘째 날이니라" – 하늘의 기원을 말해주는 설명으로 사용되었다.(물리적인 하늘)

② 사 40:22: "그는 땅 위 궁창에 앉으시나니 땅에 사는 사람들은 메뚜기 같으니라 그가 하늘을 차일 같이 펴셨으며 거주할 천막 같이 치셨고" – 하나님의 다스림의 권능을 나타내기 위한 은유적인 표현으로, 하나님이 흩어진 이스라엘을 모으시고 구원하실 것을 강조한다.(하나님의 다스림의 권능을 나타내는 하늘)

③ 왕하 7:2: "여호와께서 하늘에 창을 내신들 어찌 이런 일이 있으리요" – 하나님의 권능을 깎아내리는 비유적인 표현으로, 한 장관이 엘리사가 하나님이 사마리아 성을 구원하실 것이라는 예언에 반박하기 위해 사용하였다.(하나님이 손을 댈 수 없는

하늘)

④ 행 7:42: "하나님이 외면하사 그들을 그 하늘의 군대 섬기는 일에 버려 두셨으니" – 하나님이 하나님과의 약속을 파기하고 우상 숭배의 죄를 범한 이스라엘 민족을 외면하셨음을 의미하는 구절로, 여기서 '하늘의 군대' 란 이스라엘 역사 가운데 계속 존재해왔던 '일월 성신' (日月星辰) 숭배를 가리키는 비유적 표현이다.(신 4:19, 왕하 21:3) (우상 숭배의 하늘)

2. 지금까지 나는 「하늘」을 어떻게 이해하고 있었습니까?

답 혹여 하늘을 단순히 물리적인 하늘로만 이해하고 있었는지, 아니면 막연히 도움을 얻을 수 있는 우상 숭배의 하늘이었는지, 하나님도 어쩌실 수 없는 하늘이라고 생각했는지 되돌아 보자. 하늘은 하나님의 다스림의 권능을 나타내는 곳이다. 우리는 이러한 하나님을 믿음으로 고백해야 할 것이다.

제 10 과

이름이 거룩히 여김을 받으옵소서

요절 거룩한 이름

읽을성경 빌 2:9~11, 롬 11:36

▶ 주기도문의 첫 기도에 우리가 무엇을 구하였습니까?
주기도문 첫 기도는 곧 "이름이 거룩히 여김을 받으옵소서" 함인데 하나님께서 자기를 나타내시는 모든 일에 우리와 다른 이로 하여금 능히 그를 영화롭게 하고 또 모든 것을 처리하여 하나님의 영광에 이르게 하옵심을 구하는 것입니다.

거룩하시고 완전하신 하나님의 인격은 곧 그의 이름입니다. 기도의 우선은 그의 이름에 합당한 영광돌림에서 시작됩니다.

1. 첫째 기도의 이유

① 기도의 시작이 하나님께 영광을 돌려야 하기 때문입니다.

② 하나님의 이름과 본성이 알려지기 때문입니다.

③ 하나님의 이름이 높여지고 존경받아야 하기 때문입니다.

④ 하나님의 영광이 우리 인생의 유익보다 우선해야 하기 때문입니다.

2. 하나님의 이름이 나타내는 것

① 하나님의 모든 이름 속에 성품을 나타내십니다.

② 하나님의 이름은 죄에서 분리되어 있고, 피조물과 분리됨을 나타내십니다.(거룩성)

③ 하나님의 이름 속에 하나님께서 하신 일을 나타내십니다.

3. 이름이 거룩히 여김을 받는 방법

① 우리의 기도를 통하여

② 예배에 의하여

③ 하나님에 대한 바른 인식에 의하여(사 6:3)

④ 생활의 진실성에 의하여(마 5:16)

4. 이름을 거룩하게 하는 방법

① 살아계신 하나님을 믿어야 하고(요 4:24, 시 90:2), 우리와 함께하심을 믿어야 합니다.

② 하나님이 어떤 분임을 알아야 합니다.

③ 하나님께 순종하고 복종해야 합니다.

④ 하나님의 이름을 거룩하게 사용해야 합니다.

5. 첫째 간구(기도)에서 구하는 것

① 우리와(롬 12:1), 다른 이로(마 5:16) 하여금 하나님께 영광을 돌리게 합입니다.(빌 2:9~11)

② 모든 처리에 하나님의 영광에 이르게 합입니다.(롬 11:36, 사 64:1, 2)

학습문제

1. 시편 서두를 자세히 보십시오. '할렐루야' 나 '하나님' 으로 시작됩니다. 본 과와 무슨 연관이 있습니까?

   답 기도는 하나님의 이름에 합당한 영광돌림으로 시작되어야 하기 때문이다. 시편은 이를 우선시하여 오직 하나님의 이름을 높였던 것이다.

2. 빌립보서 2장 11절을 읽어보십시오. 예수님이 나의 구세주임을 시인하는 것이 곧 무엇입니까?

   답 하나님께 영광 돌리는 것이다.

3. 제3계명과 하나님의 이름을 거룩하게 함과 무슨 공통점이 있습니까?

   답 성경에서 특별히 하나님의 이름은 하나님의 존재 자체, 즉 그의 인격, 본질 그리고 모든 속성과 사역을 계시하는 것이다. 따라서 십계명의 제3계명, 즉 "너는 네 하나님 여호와의 이름을 망령되게 부르지 말라" (출 20:7)는 것은 하나님의 이름을 거룩하게 하라는 것과 동일한 명령이며, 이는 하나님을 경외하는 구체적인 방법이다.

4. 빛이 되지 못하고 실천 없는 나의 삶이 하나님의 이름을 욕되게 하지 않았는지 찾아봅시다. (롬 2:23, 24)

   답 사람들은 자녀의 행동을 보고 부모를 판단한다. 이처럼 세상 사람들은 하나님의 자녀인 우리들의 행동을 보고 하나님을 평가한다.

하나님께 영광 돌리기 위해서는 우리는 우리의 삶에서 하나님 말씀을 실천하는 빛 된 삶을 살아야 할 것이다.

토의(자유토론)

1. 나의 지금까지 기도의 시작은 어떠하였습니까? 어떤 심령, 어떤 자세로 기도할 것입니까?

답 예수님은 기도의 시작을 언제나 하나님께 영광돌림으로 해야 할 것을 보여주셨다. 하지만 우리는 대부분 하나님께 기도를 드림에도 하나님의 영광이 아닌 나에게 긴급한 일과 관심 그리고 필요에 집중되어 있었다. 이제부터는 내가 아닌 하나님께로 초점을 돌려 오직 하나님께 영광 돌리는 기도생활이 될 수 있도록 하자.

| 제 11 과 |

나라가 임하옵소서

요절 하나님 나라

읽을성경 계 22:20, 마 6:33

▶ **주기도문의 둘째 기도에 우리가 무엇을 구하였습니까?**
주기도문에 둘째 기도에 "나라가 임하옵소서" 함은 사탄의 나라가 멸망하고 은혜의 나라가 흥왕하여 우리와 다른 사람으로 하여금 그리로 들어가 항상 있게 하시고, 또 영광의 나라가 속히 임하게 하옵심을 구하는 것입니다.

교회의 궁극적 완성은 천국 건설입니다. 믿는 자의 소망은 역시 하나님의 나라 대망입니다.

1. 하나님나라의 별명(막 1:14~15)
   ① 천국입니다.(마 5:3)
   ② 새 하늘과 새 땅입니다.(벧후 3:13, 계 21:1)
   ③ 새 예루살렘입니다.(계 21:2)
   ④ 시온(시 132:13, 134:3)

2. 하나님나라의 성질
   ① 신령한 나라입니다.

② 외적인 것이 아니고 내적인 것입니다.(눅 17:17, 21)

③ 우주적입니다.(마 8:11, 계 21:1)

④ 윤리적입니다.(롬 14:17)

⑤ 영원한 나라입니다.(단 2:44)

⑥ 거룩한 나라입니다.(계 21:2)

⑦ 은혜로운 나라요 영적인 나라입니다.(계 21:6)

⑧ 하나님께서 지배하고 통치하는 나라입니다.(계 22:5)

⑨ 구원받은 자만이 가는 나라입니다.(계 20:15)

3. 세상적인 왕국

① 하나님의 왕국에 반대되는 것(눅 4:5) - 로마제국 천하의 만국(눅 4:5), 세상(히 2:5)

② 마귀의 왕국(마 12:26) - 악령이 주관(엡 2:2), 없어질 나라

③ 다윗의 나라(막 11:10) - 이스라엘 선민에게만 속했다고 보았던 왕국(행 1:6)

4. 둘째 기도가 구하는 것

① 사탄의 나라가 멸망하기를 간구하는 것입니다.(시 68:1)

㉠ 인간의 불행을 조작하는 나라

㉡ 세상을 비참하게 만드는 나라

㉢ 하나님 나라가 임하는 것을 방해하는 나라이기 때문에 멸망을 위해 기도해야 합니다.

② 은혜의 나라가 흥왕하기를 간구하는 것입니다.(마 6:33, 롬 10:1)

– 은혜의 통치, 은혜의 보존, 은혜와 진리가 충만한 나라(눅 23:42)이므로 하루 속히 건설을 위해 기도하는 것입니다.

③ 영광의 나라가 속히 임하도록 간구하는 것입니다.(계 22:20, 벧후 3:11~13)

5. 하나님의 나라가 임하면

① 하나님 나라가 임하기 직전에 마귀는 최후의 발작을 하게 됩니다.(마 24:11)

② 악의 세력이 산산이 파괴되고 소멸되는 것입니다.(히 10:12~13)

③ 평화의 왕께서 통치하는 완전한 평화가 오게 됩니다.(눅 2:14)

학습문제

1. 다음 성경의 하나님의 나라는 어떻게 표현되고 있습니까?

답 ① 계 21:1 – 새 하늘과 새 땅

② 고후 5:1 – 하늘에 있는 영원한 집

③ 시 132:13 – 시온

④ 마 5:3 – 천국

2. 요한계시록 20장 15절을 읽으십시오. 당신의 이름이 생명책에 기록된 것을 어떻게 압니까? (요 6:40)

답 예수 그리스도를 믿는 우리를 하나님께서 영생을 확증하실 것이라고 말씀하셨기 때문이다.

토의(자유토론)

1. 심령천국(요 1:12, 롬 8:9), 교회천국(골 1:13), 영원한 천국(계 19:9)의 공통점이 무엇인지 찾아봅시다.

답 예수 그리스도가 중심에 있다. 예수 그리스도를 영접하여 그리스도의 영이 거할 때 심령천국이 이루어지며, 하나님은 우리를 흑암의 권세에서 그의 사랑하는 아들 예수의 나라로 옮김으로 교회천국을 이루게 하셨다. 그리고 그리스도의 어린 양 혼인 잔치에 청하심으로 우리로 하여금 영원한 천국에 거하게 하신다.

| 제 12 과 |

하나님의 뜻이 이루어지이다

요절 선하신 하나님 뜻

읽을성경 시 119:34~36, 요 6:38, 39

▶ 주기도문의 셋째 기도에 우리가 무엇을 구하였습니까?
주기도문의 셋째 기도는 "뜻이 하늘에서 이루어진 것같이 땅에서도 이루어지이다" 함인데, 하나님께서 은혜를 베푸시사 우리로 하여금 능히 감심(甘心)으로 범사에 그의 의지를 알고 순종하며 복종하기를 하늘에서 천사들이 행함과 같이 하게 하옵시기를 구하는 것입니다.

하나님을 신뢰하는 가장 바른 기도는 "아버지의 뜻대로" 이고, 그 뜻이 이루어지기를 비는 것입니다.

1. 셋째 기도의 뜻
   ① 삼위일체 하나님의 계획(구원, 창조)은 완전함을 의미합니다.(신 32:4, 엡 1:4, 5)
   ② 성경(하나님의 뜻)대로 순종하겠다는 약속의 기도입니다.(요일 5:14)
   ③ 그리스도를 통하여 이루어짐을 고백합니다.

2. 하나님의 뜻

① 하나님 자신의 속에 감추어져(은밀한) 있는 의지입니다.

② 성경에 기록된(계시된) 것입니다. – 그것은 하나님의 의지의 선포이며, 우리를 구원하시기 위하여 우리에게 행하실 것을 나타내신 것입니다.(시 119:18, 신 29:29)

③ 구원과 하나님 나라의 건설입니다.(엡 3:10, 11, 요 5:39)

3. 「하늘에서 이루어진 것같이」

① 여기 하늘은 단수(복수가 아닌)로 쓰였습니다.

② 여기 하늘은 거룩하고 절대적이고 완전한 곳이며, 하나님과 천사가 거하시는 성별된 곳이며 완전하심을 의미합니다.

③ 하늘에서 뜻이 완전하게 이루어집니다.(행 13:22~33)

④ 하늘에서 뜻이 거룩하게 이루어집니다.(민 15:40, 사 6:3, 계 4:8, 11, 5:12)

⑤ 하늘에서 뜻이 변함없이 이루어집니다.(요 13:1, 시 121:4)

학습문제

1. 마태복음 26장 42절을 읽으십시오. 나는 몇 번이나 "아버지 원대로 하옵소서"라고 기도해 보았습니까?

답 예수님은 죽음에 이르는 고난의 길임을 아심에도 불구하고 이 길이 하나님의 뜻을 이루는 것임을 알고 순종하셨다. 우리 역시 때

로는 나의 생각과 다르며 이 일이 나에게 어려움을 주는 결정임을 앎에도 불구하고 그것이 하나님의 뜻임을 고백하며 하나님께 순종할 때 하나님은 그 고난과 역경을 이겨낼 수 있는 큰 믿음을 주실 것이며, 그 길이 우리에게 가장 최선의 결과를 나타내는 가장 좋은 것이 되도록 하실 것이다.

2. 중요한 결정을 할 때 당신은 주님의 뜻을 어떻게 찾습니까? (진학, 직장, 삶의 문제) 성경적인 방법은 무엇일까요? (단 2:16~18, 21, 22)

답 기도이다. 감당할 수 없는 일을 만난 다니엘은 그와 함께한 친구들에게 하나님께 불쌍히 여겨달라고 기도하였고, 이 기도에 응답을 받았다. 우리 역시 중요한 결정이 필요할 그때, 나의 지혜와 지식으로 해결할 수 없는 일을 만났을 때 진정한 해결책과 지혜를 주시는 하나님께 기도해야 한다.

토의(자유토론)

1. 이사야 55장 11절 말씀을 읽고 하나님의 뜻을 묵상합시다.

답 우리의 기도는 하나님이 기뻐하시는 뜻을 구해야 한다. 우리가 기도하는 이유는 오직 하나님의 뜻이 무엇인지 깨달아 알기 위한 것이지, 결코 내 뜻을 관철하고 내 스스로 원하는 것을 얻기 위함이 아니다. 따라서 우리는 기도를 통하여 마음을 열고 하나님의 음성을 들어야 한다.

제 13 과

일용할 양식을 주옵소서

요절 물질기도

읽을성경 잠 30:8, 9, 창 28:20, 21

▶ 주기도문의 넷째 기도에 우리가 무엇을 구하였습니까?
주기도문의 넷째 기도는 곧 "오늘 우리에게 일용할 양식을 주옵소서" 함인데 하나님의 은사로 이 세상에서 여러 가지 좋은 것 중에 만족한 부분을 받게 하시며 아울러 그의 축복을 누리게 하옵심을 구한 것입니다.

매일매일 하나님의 공급하심을 믿고 구하는 기도는 평생 보장받는 삶입니다. 만나를 주신 하나님은 매일 우리에게 필요한 것을 주십니다.

1. 「오늘」 곧 「날마다」의 뜻
   ① 날마다 기도하도록 하십니다.(살전 5:17)
   ② 날마다 감사하도록 하십니다.(시 136:25).
   ③ 내일 일은 내일 염려하도록 하십니다.(마 6:34)
   ④ 오늘을 마지막으로 알고 살도록 하십니다.
   ⑤ 날마다 새 양식으로 채워주시기 위함일 것입니다.
   ⑥ 「만나」 곧 이스라엘 백성의 광야생활의 보장처럼 그날그날의 인

도와 공급입니다.(출 16:4)

2. 「우리에게」의 뜻

① 이기적인 기도를 금하는 것입니다. 주 안에서 형제 · 자매 된 우리는 교회입니다.

② 다른 사람들을 위해서 기도해야 하는 것입니다.

③ 온 세상 만민이 의식주에 부족함이 없도록 하는 것입니다.(히 13:16)

④ 그리스도 안에서의 공동체를 위한 것입니다.

3. 「일용할 양식」의 뜻

① "일용할" 의 원 뜻은 「그날마다」, 「필요한」, 「적당한」입니다.

② 하루하루 쓰기에 적당한 양식입니다.

③ 의식주 등 일체의 생활에 필요한 것입니다.

④ 육적 양식입니다.

요의

「일용할 양식」에 대한 해석들

㉠ 육적 양식(루터, 칼빈)

㉡ 말세에 필요한 떡(암부로우스)

㉢ 영혼에 필요한 초물질적 양식(제롬)

㉣ 영육 양용의 양식(터툴리안, 기브리안스, 어거스틴)

㉤ 성만찬(이레네우스)

4. 「주옵소서」의 뜻

① 거룩한 나라(천국)를 위해 일할 사람에게 양식을 보내달라는 기도입니다.(시 78:40~44)

② 계속적으로 주옵소서의 기도입니다.

③ 하나님의 소유권을 인정하는 것입니다.(대상 29:11, 시 50:12)

④ 우리의 생애를 주의 손에 의탁하며 기도하는 것입니다.

⑤ 기도의 방법을 통해서 주시고자 하심을 보여주는 기도입니다.(마 7:7~9)

5. 셋째 기도의 교훈

① 그날의 양식을 구하라는 것입니다.(출 16:1~21)

② 우리에게 필요한 양식을 하나님께로부터 받는 사실을 인정하는 것입니다.

③ 자기만 생각할 수 없음을 교훈해 주십니다.(우리)

학습문제

1. 만나와 일용할 양식의 공통점은 무엇입니까? (출 16:21)

답 ① 하나님께서 주셨다.

② 생명을 유지할 수 있는 양식이다.

③ 하루하루의 삶을 위해 그날에 필요한 양식이다.

④ 오직 그날의 양에만 만족하게 하셨다.

2. 신명기 8장 3절을 읽으십시오. 육신의 양식의 매일 공급 이상으로 매일 공급받아야 할 영혼의 양식은 무엇입니까?

답 말씀

토의(자유토론)

1. 그날그날 만나가 내리지 않았으면 이스라엘 백성은 죽었을 것입니다. 하루하루를 정말 하나님을 신뢰하며 절박한 심령으로 의지하며 기도합니까?

답 광야의 척박한 환경에서 먹을 것을 구할 수 없었던 이스라엘 백성들에게 만나는 생명 그 자체였다. 이처럼 현대에 사는 우리 역시 하나님께서 하루하루 은혜를 공급해 주시지 않으면 하루를 버틸 수 없다. 매일 이와 같은 은혜와 말씀을 공급해 달라고 기도하며 승리하는 삶을 살아야 할 것이다.

제 14 과

우리 죄를 사해주소서

요절 사죄의 선행조건

읽을성경 마 18:35, 시 51:1

▶ 주기도문의 다섯째 기도에서 우리는 무엇을 구합니까?
주기도문의 다섯째 기도인 곧 "우리가 우리에게 죄 지은 자를 사하여 준 것 같이 우리 죄를 사하여 주옵소서" 함인데 우리가 그의 은혜를 힘입어 능히 진심으로 다른 이의 죄를 사하였은즉 더욱 용감히 간구하는 것입니다.

내가 남을 용서 못한다면 아직 그는 하나님의 용서를 받지 못했거나 감격이 없는 자입니다.

1. 이 기도의 내용

① 자기의 죄를 시인하는 것입니다.(요일 1:8~10)

② 자기의 죄를 철저히 회개하라는 것입니다.

③ 하나님만이 죄 사하는 권세가 있음을 기도합니다.

④ 어떤 죄도 사함 받을 수 있다고 하는 확신을 줍니다.(사 1:18) – 성령 훼방죄는 제외

2. 「우리의 죄」

① 아담 안에서 죄인 된 우리들입니다.(롬 5:12) – 원죄

② 하나님께 대한 부채자(빚쟁이)들입니다. – 도덕적 빚쟁이

③ 고통을 주는 것입니다.

④ 용서받아야 하는 것입니다.

⑤ 부인할 수 없는 것입니다.

⑥ 용서받지 못하면 소멸되지 않는 것입니다.

3. 「죄 사함」의 뜻

① 죄과를 덮어버리는 것입니다.(시 85:2)

② 죄과를 지워버리는 것입니다.(말살함) (사 43:25)

③ 죄를 제하여버리는 것입니다.(욥 7:21)

④ 죄를 구름처럼 흩어 버리는 것입니다.(사 44:22)

⑤ 십자가의 보혈로 씻는 것입니다.(시 51:2)

⑥ 빚인 죄를 탕감해 주시는 것입니다.(마 18:27)

4. 「죄 사함」 받는 비결

① 회개할 때에 – ㉠ 지적(깨닫고), ㉡ 정적(느끼고), ㉢ 의지적으로 (결심) 해야 합니다.

② 죄를 자복하고 십자가를 바라보며 믿을 때에(시인)

③ 보혈의 능력을 믿을 때에(오직 십자가 보혈)

5. 다섯째 기도의 교훈(용서한 자만이 용서받는다)

① 우리가 남을 용서하면 하나님은 기뻐하사 우리 죄를 용서하신다는 것입니다.(용서받은 체험)

② 우리가 형제의 죄를 용서치 않으면 하나님께서도 우리 죄를 용서치 않는다는 것입니다.(막 11:25)

③ 우리가 하나님께 지은 죄는 일만 달란트같이 큰 죄이지만 형제가 나에게 범한 죄는 백 데나리온과 같이 적은 죄입니다.

④ 용서는 사랑받은 자의 실천입니다.

학습문제

1. 죄 용서함을 베풀 자는 하나님 뿐임을 시인합니까? (사 1:18)

답 그렇다. 하나님은 우리 죄가 붉을지라도 희게 될 것이라고 약속하셨다.

2. 마태복음 18장 27~34절을 읽으십시오. 하나님의 진노는 어떤 자에게 내립니까? (마 18:34)

답 하나님이 자신을 용서해 주신 것 같이 자신의 이웃을 용서하지 않는 자

3. 마태복음 18장 35절을 보면서 형제를 중심으로 용서한다는 뜻이 무엇이라고 생각합니까?

답 분함과 원한을 마음에 쌓아놓음 없이 온전히 용서하는 것

토의(자유토론)

1. 용서했다고 말은 하면서도 계속 뒷말을 하면서 감정의 찌꺼기가 남아 있는 것은 없습니까? 진정한 용서와 용서받음의 경험을 말해봅시다.

답 진정한 용서란 죄악을 제거하는 것이며(욥 7:21), 죄를 덮는 것이며(시 85:2), 다시 기억도 하지 않는 것이다(히 8:12). 하지만 성경이 가르치는 가장 적극적이며 참된 용서는 '사랑하는 것' 이다. 이와 같이 예수님은 "원수를 사랑하고 그를 위해 기도하라"(마 5:44)고 가르치셨다. 이처럼 진정한 용서와 용서받음의 경험이 있는가 나누어 보자.

2. 손양원 목사님의 아들 죽인 원수를 용서한 사건을 들어 보셨습니까?

답 손양원 목사는 일제강점기의 어두운 시대에 태어났다. 그는 하나님께 받은 소명으로 1,200여 명의 한센병 환자가 머물던 애양원에 전도사로 부임했지만 일제의 신사참배 거부로 무기징역을 당하고 말았다. 해방 후 감옥에서 나와 다시 애양원에 복직할 수 있었지만 여수순천사건의 여파로 모진 고통을 당하게 된다. 그의 두 아들 동인과 동신은 기독교 신자라는 이유만으로 좌익 단체 청년들에게 끌려가 순교를 당하고 만 것이다. 하지만 놀랍게도 손 목사는 자신의 두 아들을 총살시킨 원수를 원망하거나 미워하지 않았다. 오히려 그는 장례식에서 두 아들을 총살시킨 그를 회개시켜 아들로 삼겠다고 발표하였던 것이다. 많은 사람들은 그의 발표에 깜짝 놀랐다. 다행히 아들을 죽였던 안재선이라는 청년을 정부군에 의해 찾아내었고, 구명 요청을 통해 감사하게도 그의 목숨을 구하여 양아들로 삼을 수 있었다. 손양원 목사와 사모 정양순 여사는 마음을 다해 그 청년을 용서하고 양아들로 받아들였다. 이와 같은 손양원 목사의 마음은 장례식장에서 고백한 10가지 감사에서 나타난다.

첫째, 나 같은 죄인의 혈통에서 순교의 자식이 나게 하셨으니 하나님께 감사합니다.

둘째, 허다한 많은 성도 중에서 어찌 이런 보배를 주께서 하필 내게 맡겨 주셨는지 주께 감사합니다.

셋째, 삼남삼녀 중에서도 가장 아름다운 두 아들을 바치게 하셔서 감사합니다.

넷째, 한 아들 순교도 귀하거늘 하물며 두 아들이 함께 순교했으니 더욱 감사합니다.

다섯째, 예수 믿다가 누워죽는 것도 큰 복이라 하거늘 전도하다 총살 순교 당하였으니 주님께 감사합니다.

여섯째, 미국 가려고 준비하던 두 아들, 미국보다 더 좋은 천국 갔으니 안심되어 감사합니다.

일곱째, 내 아들 죽인 원수를 회개시켜 아들 삼고자 하는 사랑하는 마음 주신 하나님께 감사합니다.

여덟째, 내 아들의 순교의 열매로 무수한 천국의 아들들이 생길 것을 생각하니 감사합니다.

아홉째, 이 같은 역경 속에서도 하나님의 사랑을 찾는 기쁜 마음, 여유 있는 믿음을 주시니 감사합니다.

끝으로 나에게 분수에 넘치는 과분한 큰 복을 주신 하나님께 모든 영광을 돌립니다.

후에 곧이어 6.25 전쟁이 발발하였고, 손양원 목사는 한센병 환자를 두고 피난갈 수 없다며 끝까지 애양원에 남아 헌신하다가 결국 순교를 당했다.

제 15 과

시험에 들게 하지 마옵소서

요절 시험과 유혹

읽을성경 마 26:41, 고전 10:13

▶ 주기도문의 여섯째 기도에 우리가 무엇을 구합니까?

주기도문의 여섯째 기도는 곧 "우리를 시험에 들게 하지 마시옵고 다만 악에서 구하시옵소서" 하는 것이니 이는 하나님이 혹 우리를 시험에 들지 않게 하시거나 시험을 당할 때에 우리를 보호하여 구원하옵소서 하는 기도입니다.

하나님은 유혹하시는 분이 아닙니다. 유혹은 마귀가 하고 멸망시킬 목적으로 합니다. 시험(유혹)에 안 빠지도록 깨어 있어야 합니다.

1. 「시험」의 뜻

① 시험(Test Trial: 시련, 심문) - 하나님의 선하신 목적으로 믿음의 강도를 측정하시고 더 열심있게 하며, 유익하게 만들어 주시는 것(창 21장) - 이삭(벧전 1:6~7, 약 1:2~12) "검사한다"는 뜻입니다.

② 유혹(temptation, enticement: 꾀임) - 마귀가 악한 목적으로 꾀이는 것입니다. 즉 죄에 빠지도록 끌어당기는 것입니다.(마 4:1~11)

하나님의 유혹은 절대 있을 수 없습니다.(약 1:13, 요 17:15) 본 과는 유혹을 의미합니다.

2. 「유혹」 받는 원인
① 마음이 약하므로(잠 28:26, 갈 6:1, 렘 17:9)
② 말씀에 뿌리가 얕으므로(마 13:20~21)
③ 기도하지 않으므로(마 26:41)
④ 자기 욕심에 이끌려(약 1:14)

3. 「유혹」을 이기는 방법
① 적극적인 방법으로 마귀를 대적하여야 합니다.(벧전 5:8, 9)
② 소극적인 방법으로 유혹의 길을 피하여야 합니다.(창 39:10) – 요셉
③ 전신갑주를 입어야 합니다.(엡 6:10~20)

4. 「악에서 구하시옵소서」의 뜻
① 거룩한 천국을 사모하는 기도입니다.
② 다시는 시험에 빠지지 않게 해달라는 요청의 기도입니다.(마 26:41)
③ 하나님만 의지하겠다는 기도입니다.
④ 악에서 떠난 생활을 하려는 결심의 기도입니다.
⑤ 적극적으로 선에 속하도록 간구하는 기도입니다.

학습문제

1. 시험의 두 가지 뜻은 무엇입니까?

답 ① 시련(Test, Trial): 믿음의 연단 – 굳센 믿음과 은혜를 받도록 하기 위해 하나님께서 성도를 연단하시는 행위

② 유혹(Temptation, Enticement): 꾀임 – 성도들을 죄에 빠져 넘어뜨리고 파멸시키려고 마귀가 행하는 악의적인 행위

2. 창세기 39장 9~12절 중에서 요셉이 유혹을 이긴 자세와 행동을 어떻게 기록하고 있습니까? (9, 10, 12절)

답 ① 하나님 앞에서 죄를 짓지 않으려는 결의(9절)

② 함께 있지 않음으로 유혹적인 상황을 만들지 않음(10절)

③ 급하게 도망함(12절)

3. 시험을 이기고 승리하기 위하여 성도가 갖출 전신갑주를 구체적으로 말해봅시다.(엡 6:14~18) 그리고 나의 가장 약한 부분은 그중 어느 것입니까?

답 ① 진리의 허리 띠

② 의의 호심경

③ 평안의 복음이 준비한 신

④ 믿음의 방패

⑤ 구원의 투구

⑥ 성령의 검(하나님의 말씀)

토의(자유토론)

1. 사탄의 성격 및 전술을 말해봅시다.(낙심할 때, 나의 약점 이용, 못 고친 성격, 신앙생활의 무관심, 기도하지 않을 때, 죄지을 가능성에 가까이 있을 때 등등과 연관하여)

답 사탄은 우리를 죄의 길로 인도하여 궁극적으로 파멸시키려는 악의적인 의도로 우리를 유혹한다. 우리가 낙심할 때 감정을 이용하기도 하며, 언제나 종종 넘어지는 약점 혹은 성격을 이용하기도 한다. 그리고 즐기는 취미와 오락을 통해 하나님과 가까이 하는 시간을 갖지 못하도록 한다. 이러한 유혹은 결국 우리를 하나님으로부터 멀어지게 만든다. 그러므로 우리는 사탄의 유혹에 빠질 요인을 미리 제거하고, 항상 깨어 근신하며 기도하며, 믿음으로 시험을 이기고, 담대하게 악에 대적하여 싸워야 한다. 이를 위해 오직 말씀에 순종하며, 성령 안에서 행하고, 하나님의 도우심을 구해야 할 것이다.

제 16 과

나라와 권세와 영광

요절 삼위께 영광

읽을성경 신 32:43, 시 103:22

▶ 주기도문의 마지막 구절이 우리에게 무엇을 교훈합니까?

주기도의 마지막 말씀은 곧 "나라와 권세와 영광이 아버지께 영원히 있사옵나이다 아멘" 하는 것이니 이는 우리로 하여금 기도할 때에 하나님을 믿고 또 그를 찬송하여 나라와 권세와 영광이 그에게 있다 하라고 가르친 것입니다. 또 우리가 우리의 원하는 뜻의 증거와 들으실 줄 아는 표로 아멘 하는 것입니다.

"할렐루야" (여호와를 찬양하라)는 영원히 부를 성도의 찬양이며 아멘은 개인이나 전체가 함께 고백하는 공동결의와 동조입니다.

1. 주기도의 결론

① 여호와를 영원히 찬송하는 것입니다.(시 72:19)

② 여호와께 영광을 돌리는 것입니다.(롬 11:36)

2. 결론의 내용

① 기도할 때 하나님께 힘을 얻는 것입니다.(단 9:18~19)

② 나라와(신 32:43), 권세와(시 103:22), 영광과 찬송(대상 29:11~13)인 것입니다.

③ 아멘입니다.(계 22:20~21)

3. 주기도의 결론이 교훈하는 것

① 나라가 영원히 아버지의 것입니다.(성자와 관계됨)

② 권세가 영원히 아버지께 있습니다.(성령과 관계됨)

③ 영광이 영원히 아버지께 있습니다.(성부와 관계됨)

4. 아멘의 뜻

① 의견에 동의하는 뜻입니다.(왕상 1:36) 진실로 그러하다는 고백적 응답입니다.

② 법령에 대한 서약입니다.(신 27:15, 느 5:13)

③ 기도나 설교에 사용된 신앙고백입니다.(대상 16:36, 시 41:13)

④ 그리스도께서 함께 계시다는 응답입니다.(롬 1:25, 갈 1:5)

⑤ 증인의 뜻입니다.(계 3:14)

학습문제

1. 주기도문을 다시 한 번 함께 암송합시다.

답 하늘에 계신 우리 아버지여, 이름이 거룩히 여김을 받으시오며, 나라가 임하시오며, 뜻이 하늘에서 이루어진 것같이 땅에서도 이루어지이다. 오늘 우리에게 양용할 양식을 주시옵고, 우리가 우리에게 죄 지은 자를 사하여 준 것같이 우리 죄를 사하여 주시옵고, 우리를 시험에 들게 하지 마시옵고, 다만 악에서 구하시옵소서. 나라와 권세와 영광이 아버지께 영원히 있사옵나이다. 아멘.

2. "아멘"이 잘 안 되는 원인을 서로 나눠봅시다.

답 그것은 아멘의 의미를 모르거나, 익숙하지 않은 용어로 부끄럽기 때문일 것이다. 아멘이란 말에는 다음과 같은 의미가 있다.

① 진실: "지금까지 기도한 것 모두 하나님 앞에서 진실로 그러하다."

② 믿음: "우리가 기도한 그대로 모든 것이 확실하게 이루어질 것임을 믿는다."

③ 충성: "기도한 모든 것이 온전히 이루어 질 것임을 믿음으로, 하나님을 전적으로 신뢰한다."

※ 따라서 아멘으로 기도를 마치는 것은 우리의 기도가 하나님 앞에 진실되며, 그것을 하나님이 이루실 것을 믿으며, 하나님을 전적으로 신뢰한다는 뜻이다. 그러므로 부끄럽고, 익숙하지 않다고 아멘을 생략해서는 절대로 안 된다.

3. 성부, 성자, 성령 삼위일체 하나님께 경외하는 심령으로 주기도를 하기로 다짐합니까?

답 우리는 성부, 성자, 성령 삼위일체 하나님께 마땅히 나라와 권능과 영광의 송영을 돌려야만 한다. 그는 실로 모든 것을 다스리시며, 하늘과 땅의 모든 권세를 가지시고 모든 것을 이루시는 분이기 때문이다.

토의(자유토론)

1. 주기도는 "예수님이 가르치신 기도"라는 의미입니다. 왜 기도의 표준이 되는지 토의해봅시다.(마 6:9~12)

답 예수님이 직접 어떻게 기도할 것인가를 모든 말씀으로 가르쳐 주셨기 때문이다(딤후 3:16~17, 마 6:9~13, 눅 11:2~4). 주기도문에는 기도에 들어갈 모든 필수 요소들이 들어있다.

소요리문답 요약 교재 지도자용 2

〈 3 영원한 계명, 4 신앙의 진수 〉

발행일 1997년 09월 20일
전면개정 2쇄 2017년 01월 26일

지은이 김재규
펴낸이 장사경
편집자 박상민
편집디자인/Illust 박소린

펴낸곳 Grace 은혜출판사 (Grace Publisher)

주소 서울특별시 종로구 종로 65길 12-10
전화 (02) 744-4029 **팩스** 744-6578
출판등록 제 1-618호(1988. 1. 7)

ISBN 978-89-7917-970-5 04230
978-89-7917-956-9 (세트)

이 도서의 국립중앙도서관 출판예정도서목록(CIP)은 서지정보유통지원시스템 홈페이지(http://seoji.nl.go.kr)와 국가자료공동목록시스템(http://www.nl.go.kr/kolisnet)에서 이용하실 수 있습니다.
(CIP제어번호: CIP2015034611)